Jean d'Ormesson

Né en 1925 à Paris, normalien, agrégé de philosophie, élu à l'Académie française en 1973 – au fauteuil de Jules Romains –, ancien directeur du *Figaro*, Jean d'Ormesson a publié notamment *Histoire du Juif errant* (1990), *La Douane de mer* (1994), *C'était bien* (2003), *Je dirai malgré tout que cette vie fut belle* (2016) chez Gallimard, *Mon dernier rêve sera pour vous* (1998) aux Éditions Jean-Claude Lattès, *Voyez comme on danse* (2001), *Et toi mon cœur pourquoi bats-tu* (2003), *Une fête en larmes* (2005), *La vie ne suffit pas* (2007), *Qu'ai-je donc fait ?* (2008), *C'est une chose étrange à la fin que le monde* (2010), *C'est l'amour que nous aimons* (2012), *Un jour je m'en irai sans en avoir tout dit* (2013) et *Dieu, les affaires et nous* (2015) aux Éditions Robert Laffont.

Odeur du temps (2007), *Saveur du temps* (2009), *La Conversation* (2011) et *Comme un chant d'espérance* (2014) ont paru aux Éditions Héloïse d'Ormesson.

Jean d'Ormesson s'est éteint le 5 décembre 2017, à Neuilly-sur-Seine, à l'âge de 92 ans.

D0802682

UN JOUR JE M'EN IRAI SANS EN AVOIR TOUT DIT

DU MÊME AUTEUR
CHEZ POCKET

UNE FÊTE EN LARMES
ODEUR DU TEMPS
QU'AI-JE DONC FAIT ?
SAVEUR DU TEMPS
C'EST UNE CHOSE ÉTRANGE À LA FIN QUE LE MONDE
LA CONVERSATION
UN JOUR JE M'EN IRAI SANS EN AVOIR TOUT DIT

JEAN D'ORMESSON

de l'Académie française

UN JOUR
JE M'EN IRAI
SANS EN AVOIR
TOUT DIT

ROMAN

ROBERT LAFFONT

Pocket, une marque d'Univers Poche,
est un éditeur qui s'engage pour la préservation
de son environnement et qui utilise du papier fabriqué
à partir de bois provenant de forêts gérées
de manière responsable.

© Éditions Robert Laffont, S.A., Paris, 2013
ISBN 978-2-266-24649-1

Pour mon amie
Ellen qui grâce
à son humour
saura apprécier
ce dernier livre
de Jean d'O.
   Amicalement
   Dominique
le 30/04/2018

TOUT PASSE

Παντα ʽρει
Héraclite

Chapitre premier

Où l'auteur s'inquiète brièvement du sort d'un genre littéraire si longtemps triomphant et où il entre avec audace dans le vif du sujet.

Vous savez quoi ? Tout change. Le climat, à ce qu'on dit. Ou la taille des jeunes gens. Les régimes, les frontières, les monnaies, les vêtements, les idées et les mœurs. Une rumeur court : le livre se meurt. Voilà près de trois mille ans que les livres nous font vivre. Il paraît que c'est fini. Il va y avoir autre chose. Des machines. Ou peut-être rien du tout. Et le roman ? Il paraît que le roman est déjà mort. Ah ! bien sûr, il y a encore de beaux restes. Des réussites. Des succès. Des… comment dites-vous ?… des *best-sellers*. Pouah ! Les romans aussi, c'est fini. Nous les avons trop aimés. Gargantua, Pantagruel, Don Quichotte, Athos, Porthos, Aramis, d'Artagnan, Gavroche, Fabrice et Julien, Frédéric et Emma, le prince André, Natacha et Anna, les frères Karamazov, la cousine Bette, le Père Goriot et ses filles, Anastasie et Delphine, les familles Rougon-Macquart, Forsyte, Buddenbrook – on dirait un faire-part –, Vautrin, Rubempré, Rastignac, le narrateur et Swann et Charlus et Gilberte et Albertine et Rachel-quand-du-Seigneur et la duchesse de Guermantes, lord Jim et lady Brett, Jerphanion et Jallez, mon amie Nane et Bel-Ami, Aurélien et Gatsby, le consul sous le volcan, Mèmed le Mince, l'Attrape-cœurs, le pauvre vieux K à Prague et Leopold Bloom à Dublin qui se prend pour Ulysse : ce monde de rêve et de malheurs changés soudain en bonheur ne durera pas toujours. Ses silhouettes de femmes, de maîtresses, de jeunes filles, ses fantômes de géants s'éloignent dans le passé. L'herbe a du mal à repousser derrière eux. Les seconds couteaux s'agitent. Les truqueurs déboulent. Les poseurs s'installent. L'ennui triomphe. Tout le monde écrit. Plus rien ne dure. On veut gagner de l'argent. Presque une espèce de mépris après tant d'enchantements. Le genre s'est épuisé. L'image triomphe et l'emporte sur l'écrit en déroute.

Voici pourtant encore un livre, quelle audace ! voici encore un roman – ou quelque chose, vous savez bien, qui ressemble à un roman : des histoires, quelques délires, pas de descriptions grâce à Dieu, un peu de théâtre, pourquoi pas ? et les souvenirs, épars et ramassés pêle-mêle, d'une vie qui s'achève et d'un monde évanoui. Peut-être ce fatras parviendra-t-il, malgré tout, à jeter sur notre temps pris de doute comme un mince et dernier rayon ? Et même, qui sait ? à lui rendre enfin un peu de cette espérance qui lui fait tant défaut.

Chapitre II

Où l'auteur reconnaît qu'il n'est ni Benjamin Constant, ni Émile Zola, ni François Mauriac. Il s'en désole, bien sûr – et il s'en console.

Autant l'avouer tout de suite. Je n'ai aucune intention de vous proposer quelque chose dans le genre d'*Adolphe*, de *Nana* ou de *Thérèse Desqueyroux*. Et pour deux raisons au moins. La première : je ne peux pas. La deuxième : je ne veux pas.

Je ne peux pas. J'aurais du mal à être aussi subtil (et aussi changeant) que Constant, aussi puissant (et aussi pesant) que Zola, aussi tourmenté (et aussi faux jeton) que Mauriac. Ils étaient très patients. Je le suis beaucoup moins. Ils travaillaient beaucoup. Je ne déteste pas m'amuser. Ils avaient comme du génie. Ce n'est pas le genre de la maison. Ils sont arrivés, toutes voiles déployées, sous les acclamations, dans la lumière du port. Je rame encore à l'ombre.

Ce n'est pas seulement que je ne peux pas. Je ne veux pas. Pourquoi ? C'est tout simple : ils appartiennent au passé. J'invente autre chose. Ils sont morts. Je suis vivant. Ah ! pas pour toujours. Mais pour encore un peu de temps qu'il faut tâcher de ne pas perdre. Et le comble : je suis bon garçon. Voilà déjà un bail qu'à notre époque de dérision et de contestation je fais – et peut-être presque seul – profession d'admiration. Je les admire. Plus que personne. On dirait un benêt toujours prêt à les applaudir. Je les admire, mais je ne les imite pas. Je ne marche pas dans leurs traces. J'admire aussi, et plus encore, Homère, Ronsard, La Fontaine, Racine, et quelques autres. Il ne me viendrait pas à l'esprit, même si j'en étais capable, d'écrire une épopée, un sonnet, une ode ou une tragédie classique. Laissons les morts enterrer les morts.

Nous en avons trop vu. Après tant de désastres et de ruines, le théâtre est méconnaissable. La pièce n'est plus la même. Les décors ont changé. L'histoire galope. Nous n'avons plus le temps. Il n'est pas impossible que les raisins d'hier soient trop verts aujourd'hui. Ce qui est sûr, en tout cas, c'est que nous sommes rassasiés. Il nous faut autre chose. Pour être tant bien que mal et si peu que ce soit à la hauteur de nos maîtres vénérés et trahis, il s'agit d'abord de nous éloigner d'eux, de les combattre, de trouver des chemins qu'ils n'aient pas parcourus. Vous savez ce que nous voulons, ce que nous espérons, ce que nous essayons de faire avec une espèce de désespoir ? Du nouveau. Encore du nouveau. Toujours du nouveau.

Chapitre III

Où l'auteur, à la surprise du lecteur, et peut-être à son indignation, dénonce les mutins de Panurge et se refuse avec obstination à se prétendre moderne.

Le piège à éviter, c'est de se jeter dans le moderne. Tout le monde veut être moderne et, comme si ça ne suffisait pas, tout le monde veut être rebelle par-dessus le marché. Pour être au goût du jour, tout le monde cherche à grimper dans le train déjà bondé des mutins de Panurge. C'est un joyeux tintamarre, plein d'argent comme jamais, ou plutôt comme toujours. Les mauvaises manières en plus. Tournent dans ce manège non pas tant, comme on pourrait s'y attendre, les plus déshérités, les hors-la-loi, les laissés-pour-compte de l'histoire, mais surtout, sans vergogne, ceux qui ont déjà tout et qui veulent encore le reste, les banquiers ivres de Chine, les milliardaires en perdition qui, à défaut de rendre l'argent, en disent au moins du mal. Le comble du moderne, c'est à la fois de passer pour rebelle, d'avoir le pouvoir et d'être plein aux as. Ah ! bravo ! Quel chic !

Être résolument moderne est une tentation que j'ai fini par repousser. Pour la bonne raison que le moderne sent déjà le moisi.

Il y a cent ans, l'histoire s'est emballée. L'avenir, tout à coup, a été autre chose que le passé. Au point que les mots nous manquent pour tenter de nous définir. Le nouveau, à peine né, est aussitôt une vieille lune. Le moderne est hors d'âge et déjà derrière nous. Le postmoderne est dépassé et un peu ridicule. Le contemporain, à son tour, est tombé dans les oubliettes. Nous sommes des écureuils qui courent de plus en plus vite dans une roue sans fin et qui se mordent la queue.

Les événements, les livres, les spectacles, les sentiments, les idées passent à bride abattue, comme l'herbe et comme le vent. La tête nous tourne. Quelques-uns crient qu'ils veulent descendre et essaient de sortir. Mais sortir est interdit. Nous sommes enfermés dans le système et il n'est pas permis de s'échapper. Même si nous le voulions. Et nous ne le voulons pas vraiment. Le système, c'est ce monde que nous avons tricoté tous ensemble et où nous sommes condamnés à vivre avant de faire comme les autres et de nous en aller pour de bon.

Nous sommes prisonniers de nos propres progrès. Je connais ma prison. J'accepte ma condition.

Je m'en arrange même assez bien avec ses éclats de voix et ses roulements de tambour auxquels il m'arrive de participer. Mais je ne fais pas le malin. Je ne pousse pas des cris de joie. Je ne suis pas affolé par l'actualité. Je ne suis pas à la mode. Nous le savons depuis toujours : la mode est ce qui se démode. Toutes ces vieilleries triomphantes sont depuis longtemps usées jusqu'à la corde. Je ne pleure pas non plus sur le passé, sur le lait répandu des charmes du temps jadis. Je suis là, et c'est tout. Je m'arrange de mon époque comme je m'arrange d'être au monde. Ni rejet, ni colère, ni amertume – et aucune illusion.

Chapitre IV

Où l'auteur se souvient de son enfance à Plessis-lez-Vaudreuil et de son grand-père dépeint dans Au plaisir de Dieu.

Longtemps, j'ai été jeune. J'ai eu de la chance. J'avais un père et une mère, un frère, une gouvernante allemande qui s'appelait Fräulein Heller et que j'appelais Lala. Et, comme dans les romans de la comtesse de Ségur, *Les Petites Filles modèles* ou *Les Vacances*, nous nous aimions tous beaucoup. Les bons sentiments coulaient à flots autour de nous. J'adorais Lala qui était très sévère, que je trouvais très belle et qui me donnait des fessées avec une brosse à cheveux. Le monde s'arrêtait là et il était très doux. Il me paraissait immobile, ou à peu près immobile. Les choses changeaient très peu. Très lentement, et très peu. Dans un passé lointain et très flou, il y avait des guerres et des révolutions. L'hiver, avec sa neige et ses étangs couverts de glace où il m'arrivait de patiner, succédait à l'automne, et le printemps à l'hiver. Dès que revenait l'été, j'allais rejoindre mon grand-père à Plessis-lez-Vaudreuil. Et plus rien ne bougeait.

En dépit du temps qui passe et de ses ravages meurtriers, quelques-uns d'entre vous ont peut-être gardé un vague souvenir de ce personnage que j'ai beaucoup aimé lui aussi, qui détestait le monde moderne, qui vomissait le progrès, ses pompes et ses œuvres, qui vivait dans le passé et qui attachait une importance démesurée aux façons de se tenir et de parler. Sosthène, mon grand-père, dont j'ai essayé de tracer le portrait, il y a près de quarante ans, dans *Au plaisir de Dieu* et qui se confondait depuis sept ou huit siècles avec Plessis-lez-Vaudreuil.

Plessis-lez-Vaudreuil !... Seigneur !... Vous rappelez-vous ?... C'était un autre nom du paradis avant le déluge de fer et de feu qui a tout emporté. Nous ne doutions de rien, et surtout pas de nous-mêmes. Nous ne voyions pas plus loin que notre vieux jardin qui était un parc immense dont les tours, les bosquets, les bancs à l'ombre des tilleuls, les allées entretenues avec soin, les plates-bandes de pensées et de bégonias, les murailles formidables ne prêtaient pas à rire. Dieu se chargeait de tout – et il nous avait à la bonne. Les choses étaient ce qu'elles étaient et ce qu'elles devaient être. Il y avait une vérité et il y avait une justice.

Et, depuis des temps à peu près immémoriaux, elles nous avaient faits ce que nous étions.

Je ferme les yeux. Je nous revois. Vêtue de noir depuis toujours, les mains couvertes de mitaines, sans le moindre bijou, un ruban de velours autour du cou, ma grand-mère est assise, immobile et presque absente, dans une guérite d'osier qui la protège du soleil et du vent. C'est une grande vedette du muet. Elle vit encore au temps de ces arrière-grand-tantes de légende qui avaient dansé dans leur jeunesse aux Tuileries avec le prince impérial. Elle n'a jamais ouvert Proust, ni Gide, ni bien entendu Aragon. Elle ignore jusqu'à leurs noms. Elle ne sait rien du monde en train de changer autour de nous. Le reste du clan est installé sous les tilleuls autour de la table de pierre. Il parle de choses et d'autres, de mariages et d'enterrements qui se changent en fêtes sur ses lèvres et du temps qu'il va faire. Il commente le Tour de France dont les héros immortels, successeurs d'Ulysse, d'Achille, de Patrocle et d'Hector, s'appellent alors Antonin Magne, Romain et Sylvère Maes, Lapébie, Bartoli, et dit du mal d'un avenir qui trahira le passé et qui sera communiste et anticlérical. Mon grand-père règne en silence. Il ressemble à un Jean Gabin déjà atteint par l'âge mais toujours solide et très droit, et il lâche de temps à autre une parole meurtrière. Il y a en lui quelque chose de massif et de chinois qui échappe au cours du temps.

Flottent dans l'air autour de nous une certaine lenteur, le culte de l'histoire et de l'immobilité, la méfiance pour l'imagination et pour l'intelligence qui est si mauvais genre. Une violence secrète se cache sous nos dehors policés. Plus encore que dans les chasses, qui nous occupent déjà beaucoup, elle s'exprime dans les chasses à courre qui tiennent dans notre vie une place considérable et qui se prolongent le plus souvent jusqu'à la nuit tombée. Autour de la dépouille du cerf et de la meute des chiens, au son des trompes de chasse, à la lueur des flambeaux tenus par les piqueurs – nous prononçons *piqueux* –, ce sont des scènes d'une sauvagerie antique où l'élégance se couvre de sang.

Ce qui compte d'abord pour nous, c'est la famille. Elle jette ses tentacules loin dans le passé et dans l'espace. Nous avons des cousins en Belgique, en Espagne, en Autriche, en Bavière et en Prusse, en Hongrie, en Russie, dans les pays baltes. De temps en temps, chassés de leurs forêts et de leurs terres à blé lointaines par l'ennui, par la passion, par les révolutions, ils débarquent à Plessis-lez-Vaudreuil où nous les recevons avec tous les honneurs qui sont dus à notre rang. Nous n'avons pas de cousins en Argentine, au Brésil, au Japon, au Kenya. Et il n'est pas sûr que les États-Unis existent vraiment quelque part. Le sentiment qui nous anime à leur égard est une sorte de dédain. Ils ne nous intéressent pas. Ils parlent une langue impossible. Nous n'y connaissons personne. Nous n'avons pas l'intention de nous mêler de leurs affaires qui reposent sur l'argent. Nous nous sentons plutôt plus proches de la Chine, de l'Égypte, des Indes où il y a des princes, des rajahs, des nizams, des sultans et qui ont, comme nous, une longue histoire derrière elles.

L'argent ne nous manque pas. Il tombe du ciel. Les livres ne nous sont pas indifférents. À condition, bien sûr, d'avoir un peu plus de cent ans, de dire du bien des Romains ou à la rigueur des Grecs, de ne jamais répandre ces idées répugnantes de révolution, de progrès, d'athéisme qui empoisonnent le pauvre monde. Évolution, révolution, art moderne, relativité, transformisme, vers libres, tolérance, progrès sont des mots d'une grossièreté telle qu'ils ne sauraient être prononcés à la table de mon grand-père. Nous n'aimons pas le changement, ce qui bouge, ce qui va trop vite. Nous aimons le passé. Les lendemains nous font peur.

Nous savons, bien entendu, qu'il y a de l'avenir devant nous. Nous préférons de loin le passé derrière nous. Mais nous sommes très gais face à l'inéluctable. Nous mêlons l'orgueil à une sorte de fatalisme et nous sommes convaincus, tout au fond de nous-mêmes, que, jusque dans la défaite, c'est nous qui avons raison. Nous avons le sentiment que les choses ne tournent plus très rond dans ce monde qui nous entoure où nous avons régné jadis et qui est plein, tout à coup, à la fois de nouveaux riches et de radicaux-socialistes. Nous n'y pouvons rien : nous sommes seuls à incarner le bon goût, la sûreté de jugement, la justesse d'esprit, l'élégance. Tout cela, nous le sentons obscurément, est sur le point de s'achever avec nous. Je soupçonne mon grand-père et ma grand-mère de connaître la source de ce dérèglement. Ils en parlent très rarement, mais ils savent, dans leur cœur, que tout s'est déglingué avec la fin brutale de la monarchie légitime.

Ce n'est pas que la monarchie se soit toujours bien conduite dans ce passé qui nous est si cher. Il n'y a que Saint Louis, François Ier, et surtout Henri IV pour remporter tous les suffrages. Philippe le Bel, Louis XI, Louis XIV, Louis XV sont très loin de se situer au-dessus de tout soupçon. Je ne suis pas sûr que mon grand-père et ma grand-mère auraient accepté de se voir traiter de royalistes. La famille s'est bien souvent opposée à une monarchie tyrannique et parfois dépravée. C'est pire avec Napoléon : on ne sait pas du tout sur quel pied danser avec l'Usurpateur. Il incarne une sorte de catastrophe nécessaire, de Providence négative. Mais qu'est-ce que vous voulez que je vous dise ? En ces temps-là, avec les rois ou avec l'Empereur, on savait vivre et les choses n'allaient pas à vau-l'eau.

Au centre et au-dessus de tout, la religion. Ça, c'est du solide. La religion, comme la famille, est au-delà de toute contestation. Elle est la clé et le ressort du monde où nous vivons. À l'ombre du château, dans une curieuse relation dominée-dominant, s'élève l'église où officie le doyen Mouchoux qui croque des noix entières avec leurs coques et ne crache pas sur le bon vin. Il lui arrive d'empester le tabac et l'alcool. Mais nous lui pardonnons : c'est un saint homme. Par un miracle sur lequel nous nous interrogeons très peu – nous avons un faible pour les miracles, nous les cultivons avec soin, nous les acceptons sans rechigner –, il représente Dieu sur cette terre où règnent depuis des siècles les hautes tours rondes et roses de Plessis-lez-Vaudreuil.

Nous marchons derrière notre doyen lors des processions qui se déroulent dans le parc, autour de la pièce d'eau, entre les chênes et les sapins de l'allée des Arbres verts et nous chantons à tue-tête et très faux, sous le soleil du 15 août qui tape assez fort, les cantiques de mon enfance :

> *Ô Vierge Marie, mère du Très-Haut,*
> *Mère du Messie, le divin Agneau...*

Ou :

> *Élève-toi mon âme.*
> *Élève-toi mon âme à Dieu.*
> *Sans cesse, élève-toi,*
> *Mon âme à Dieu...*

Ou encore :

Chez nous, soyez reine
Qu'on prie à genoux,
Qui règne en souveraine,
Chez nous, chez nous !

Soyez la Madone
Qu'on prie à genoux,
Qui sourit et pardonne.
Chez nous, chez nous !

Chez nous ! Chez nous ! Nous chantions avec une foi tempérée par l'ironie, dans un bonheur mêlé d'orgueil. Chez nous ! Chez nous ! Les larmes me viennent aux yeux. J'ai longtemps vécu chez nous. Le monde était tout simple : il tournait autour de notre nom et de notre maison qui étaient nos biens les plus précieux et une espèce d'ennui flottait sur une grande paix.

Nous avions presque tout faux. Nous rêvions de grandes choses, à la façon de Périclès ou d'Alcibiade qui étaient un peu de la famille, à la façon d'Alexandre qui partait pour les Indes, à la façon de César qui fondait un empire – et nous en faisions de toutes petites.

Le matin, à peine réveillé, je guettais à travers les volets la lumière du soleil sur le point de se lever et je me jetais hors de mon lit pour profiter d'un jour qui ressemblerait à la veille et qui ressemblerait au lendemain. L'été, j'entendais de ma fenêtre le bruit déchirant du râteau manié par l'aide-jardinier sur les graviers de la cour. Sur le palier, au seuil du billard, il y avait un gong venu je ne sais d'où sur lequel ceux qui passaient frappaient d'un air distrait pour annoncer les repas régis par des règles sévères et auxquels aucun d'entre nous n'aurait pris le risque de se présenter en retard ou en tenue négligée. Rien ne m'amusait ni ne me faisait peur autant que le téléphone, composé d'une manivelle et d'un cornet de bois, qui permettait à mon grand-père d'obtenir une demoiselle qu'on entendait très mal et qui ne comprenait jamais rien. Deux fois par mois, M. Machavoine, horloger de son état, venait remonter en silence les horloges du château. Il se glissait dans le billard, dans le petit salon, dans le grand salon, dans la bibliothèque, dans la salle à manger, dans la salle à manger des enfants, dans l'office, dans l'immense cuisine, dans la vingtaine de chambres – aucune n'avait de salle de bains – qui restaient ouvertes toute l'année. Il vérifiait si les pendules, si les horloges, si les cartels donnaient bien l'heure exacte, et il les remontait. Il m'arrivait de le suivre de pièce en pièce dans un état de conscience extrêmement diminué et avec une fascination qui m'étonnait moi-même. Ses gestes de chirurgien, de contrôleur et de mécanicien me jetaient dans une torpeur bienheureuse dont je ne me réveillais qu'à son départ. Dans le soir qui tombait, nous nous promenions à bicyclette autour des étangs mélancoliques ou le long des layons des forêts de la Haute-Sarthe, entre les chevreuils et les sangliers, libres et sauvages comme nous. À mon retour, quand je rentrais de promenade, que je pénétrais dans le vestibule encombré de trophées de chasse et de râteliers chargés de fusils et que je m'apprêtais à gravir quatre à quatre l'escalier de pierre vers les deux salons bourrés de portraits de famille et de fauteuils en tapisserie, l'odeur de bois brûlé, de vieux cuir, de renfermé me prenait à la gorge. Je m'ennuyais beaucoup. J'étais très heureux – et je ne m'en doutais pas. Chez nous ! Chez nous ! Tout cela avait pris longtemps des allures d'éternité. Et tout cela était fini.

C'était l'époque, j'avais onze ans, douze ans, treize ans, où je découvrais Apollinaire se souvenant de l'Ecclésiaste :

Passons passons puisque tout passe
Je me retournerai souvent
Les souvenirs sont cors de chasse
Dont meurt le bruit parmi le vent

Chapitre V

Où le portable prend la place du chapelet.

Je suis tombé dans ce monde en un temps où beaucoup de choses disparaissaient et où beaucoup d'autres apparaissaient. Il y a eu le jeudi noir de Wall Street, la dépression, les banques qui sautent, le chômage, l'inflation. Il y a eu le communisme, le fascisme, le national-socialisme. Il y a eu la guerre, le goulag, la Shoah, les Khmers rouges, le Rwanda. Il y a eu un progrès qui a semé en même temps l'enthousiasme et la crainte. Longtemps, demain a ressemblé à hier. Et puis, tout à coup, l'histoire a pris le mors aux dents.

Qu'est-ce qui a tellement changé depuis Plessis-lez-Vaudreuil, depuis mon enfance, depuis les débuts de l'autre siècle ? La réponse ne fait pas de doute. Ce qui a changé, c'est la place de la science – et de sa fille, la technique. La science et la technique ont pris le pas sur la nature, sur le pouvoir, sur la poésie, sur la philosophie et sur la religion. Voilà le cœur de l'affaire. Elles ont bouleversé notre vie.

Ça commence avec la ronde des saisons et du jour et de la nuit. Avec la terreur devant le soir qui tombe, devant la foudre et le tonnerre, devant les éclipses. Ça continue avec l'observation de la marche du soleil et de la lune, avec le refus de la magie, avec les balbutiements de la raison. Ça se poursuit avec d'énormes machineries, avec des sphères de cristal qui glissent les unes sur les autres dans le ciel, avec des anges mécaniciens, avec des systèmes de l'univers. Et puis la gravitation, l'évolution, la relativité, l'expansion, le big bang là-haut et ses milliards d'années, l'incertitude quantique tout en bas. Ça finit par des puces. Ce qui a changé, ce sont les puces : elles règnent sur notre avenir.

Très vite, l'immensité se contracte, s'apprivoise, devient mobile et nomade, descend dans la rue, pénètre dans les foyers. Ouvrez les yeux. Que voyez-vous ? Des puces. Des voitures partout, des avions dans le ciel, des portables aussi nombreux, ou plus, que les êtres humains, des ordinateurs et la Toile. Des mécanismes minuscules, des filaments, des pointes d'épingle ont remplacé les mystères, les esprits cachés un peu partout et les dieux. Le pouvoir et l'argent s'installent sur Internet. Le portable entre nos mains prend la place du chapelet. Facebook est une communion sans Dieu, mêlée de confession. L'univers sans bornes est tombé sous votre coupe. L'infiniment grand et son jumeau, l'infiniment petit, viennent manger dans votre main. Bientôt, semées sous votre peau, les puces feront partie de votre corps. Vous serez votre propre robot. Un autre monde est déjà au travail. Tout ce que la science est capable de faire, elle le fera. Un rêve de puissance nous emporte. La physique mathématique et la biologie moléculaire sont la poésie d'aujourd'hui. Ce sont elles qui traduisent et qui façonnent le monde et elles soulèvent chez les jeunes gens l'enthousiasme qui venait hier des poètes.

Chapitre VI

Où le lecteur assiste à la naissance de l'idée de Dieu dans l'esprit des hommes et à sa gloire sans égale.

Je n'oserais pas dire que Dieu change aussi. Mais l'image que les hommes se font de Dieu se modifie profondément. Il faut aborder ces questions avec prudence. De la fin des voyages, de la contraction de l'espace, de l'allongement de la vie, à la rigueur de la science qui, sous les espèces de la relativité générale – et même restreinte – ou de la théorie des quanta, passe aujourd'hui loin au-dessus de nos têtes, il est permis de parler avec liberté. La religion se confond si étroitement avec nous que le moindre mot, la moindre atteinte, le moindre écart peut ouvrir des blessures qui ont du mal à se refermer.

L'idée de Dieu n'est pas très vieille. La vie a quelque chose comme trois milliards et demi d'années. Il est plus difficile de savoir l'âge du genre humain. Des hommes et des femmes plus ou moins semblables à nous, capables de penser, de rire, de parler, vous pourriez, j'imagine, en trouver il y a deux cent mille ans. Bientôt apparaît une activité à laquelle il pourrait être donné le nom d'art. Il y a cinq mille ans, du côté du Tigre et de l'Euphrate, en Mésopotamie, à Sumer, à Akkad, sur le territoire de l'Irak actuel, puis en Égypte, en Chine, aux Indes, l'écriture est inventée. Elle fixe sur du bois, sur du cuir, sur de l'argile, sur des papyrus des paroles qui, à peine prononcées, s'effaçaient dans l'air du temps. Et les chiffres. Ils mesurent les récoltes, les biens, les années de règne des souverains. Et plus tard, en Inde, et transmise par les Arabes au monde occidental, cette invention foudroyante : le zéro. Le Dieu unique est entré en scène avec Abraham, s'il a jamais existé, un peu après l'écriture.

Avant Abraham et le monothéisme, les peuples primitifs ne se faisaient aucune idée d'un Dieu unique créateur du monde et qui régnerait sur l'histoire des hommes. Ils vivaient dans un univers où toutes les forces de la nature prenaient un sens magique. Au fil des millénaires, cet univers magique donne naissance à une ribambelle de panthéons, dominés d'abord par des déesses. Non seulement en Mésopotamie, où apparaissent, dans le royaume d'Uruk, avec l'*Enuma Elish* et avec *Gilgamesh*, les premières de nos grandes œuvres religieuses et littéraires, mais en Chine, aux Indes, avec le *Mahabharata* et la *Bhagavad-Gita,* en Égypte, au Japon, avec Amaterasu, les déesses, puis les dieux s'engendrent les uns les autres et ne tardent pas à se multiplier. En Chine, les forces célestes finissent par constituer une gigantesque et écrasante bureaucratie. Aux Indes, où les Indo-Européens au teint clair venus du Nord-Ouest parviennent à submerger les Dravidiens à la peau sombre et à les dominer, d'innombrables divinités au corps d'aigle ou de taureau, de singe, d'éléphant déploient dans les eaux, sur la terre et dans l'air leurs bras démultipliés, leurs ailes, leur trompe. En Égypte aussi triomphent sous d'autres formes, plus hiératiques, moins agitées, les dieux et les déesses à visage d'animaux : faucon, chacal, crocodile, chat, scarabée, sphinx mi-femme, mi-lion.

C'est la Grèce qui offre à ses dieux et à ses déesses les traits radieux des hommes et des femmes, des jeunes gens et des jeunes filles. Les Grecs, qui, sur les côtes de l'Ionie, puis dans les cités de la Grande Grèce, en Italie du Sud, ont presque tout inventé – la géométrie, la mathématique, la philosophie, l'histoire, le théâtre, la démocratie… –, ont inventé aussi la beauté et, d'une certaine façon, la dignité de l'homme qui s'éloigne du monde animal et se met soudain, avec audace, à défier les dieux de l'Olympe. Et ils ont donné à leurs divinités la grâce de l'être humain doté d'équilibre physique et moral, de sagesse, de sens moral, de passion aussi – *kalos kagathos*. Zeus, Héra, Aphrodite, Artémis, Arès, Héphaïstos, puis leurs doubles latins : Jupiter, Junon, Vénus, Diane, Mars, Vulcain, peuplent l'*Iliade* et l'*Odyssée*, les tragiques grecs, l'*Énéide*, les *Métamorphoses* d'Ovide, les rêves, les espérances, les craintes, la vie quotidienne des habitants des villes et des campagnes.

Issu de tribus araméennes emmenées d'Ur, en Chaldée, jusqu'en Israël sous la conduite d'Abraham, le peuple juif, cependant, a élevé à la dignité d'un dieu unique son Dieu, qui ne peut pas être représenté et dont le nom – Jéhovah, ou Yahvé, ou Élohim, ou Adonaï – peut à peine être prononcé. Un dieu unique que connaît aussi l'Égypte sous le pharaon Aménophis IV, époux de Néfertiti, qui prend le nom d'Akhenaton et qui, au premier millénaire avant notre ère, délaisse « Thèbes aux cent portes » – le Karnak d'aujourd'hui – et tout le panthéon égyptien pour Tell el-Amarna et le culte exclusif du dieu unique Aton. Avant le retour en force, avec le fameux Toutankhamon, de tous les dieux et de toutes les déesses autour d'Amon-Râ et de son inamovible clergé.

Des recherches récentes ont un peu bousculé ce calendrier traditionnel du monothéisme. Elles suggèrent que l'entrée en scène effective du dieu unique au sein du peuple hébreu est sensiblement postérieure à l'époque présumée d'Abraham. Ce ne serait qu'au cours du premier millénaire que le Dieu unique se serait imposé aux juifs. Qu'il remonte au IIe millénaire ou au milieu du Ier, le monothéisme, en tout cas, avec la Torah des juifs, avec le Nouveau Testament des chrétiens, six ou sept siècles plus tard avec le prophète Mahomet et le Coran des musulmans, va régner en maître sur le monde pendant quelque deux mille ans.

Dans tout l'Empire romain après Constantin et Théodose, d'un bout à l'autre de l'Europe tout au long du Moyen Âge, de la Renaissance, des temps classiques et postclassiques, dans une bonne partie de l'Asie sous l'influence des Arabes, des Turcs, des Russes, des Hollandais, des Portugais, des Anglais, des Français, dans toute l'Amérique à partir de sa découverte par les Espagnols, puis par les Portugais, dans de larges régions de l'Afrique, le Dieu unique impose sa loi.

Dieu est partout. Il domine les esprits et les cœurs. Il se confond avec les États, avec la société, avec la famille. « Dieu et mon droit ». « *Gott mit uns* ». « *In God we trust* ». « Dieu premier servi ». « Dieu le veut ! » « *Allah akbar* ». « Au plaisir de Dieu ». « *Despues de Dios, la casa de Quirós* ». « *Re que Diou* », la devise des Talleyrand-Périgord. Le jour de Noël de l'an 800, à Rome, Charlemagne se fait couronner empereur par Léon III. Le pape règne sur l'Italie, indirectement sur la France, sur l'Espagne, sur le Portugal et il tient en échec le chef du Saint Empire romain de nationalité germanique. En 1077, l'empereur

Henri IV se jette à Canossa aux pieds du pape Grégoire VII. Le 24 juillet 1177, Frédéric Ier Barberousse s'agenouille devant le pape Alexandre III dans l'atrium de la basilique Saint-Marc à Venise. Après une longue lutte, le pape Innocent IV finit par l'emporter sur Frédéric II Hohenstaufen, l'empereur mi-allemand, mi-normand qui était entré à Jérusalem sous les acclamations des musulmans et que ses contemporains appelaient *Stupor mundi*. La France se proclame fille aînée de l'Église, le roi d'Espagne se présente comme Sa Majesté très catholique. En Europe, l'Inquisition est chez elle un peu partout. Quinze ans après la prise de la Bastille, le 2 décembre 1804, à Paris, dans la cathédrale Notre-Dame rouverte au public depuis deux ans, après dix ans d'interdiction, le pape Pie VII tend la couronne impériale à Napoléon Bonaparte, général républicain issu de la Révolution. Avec les empereurs de la Chine, à l'histoire chaotique et heurtée, la lignée des papes est, malgré beaucoup de troubles et d'échecs, l'institution politique et religieuse la plus longue et la plus réussie de toute l'histoire des hommes.

Pendant tout le Moyen Âge, au XVIe, au XVIIe, au XVIIIe siècle, et, à certains égards et dans certaines limites, jusqu'au début du XIXe, au temps de Stendhal, les jeunes ambitieux qui ne peuvent pas partir faire la guerre pour se couvrir de gloire et une foule de jeunes filles qui, pour une raison ou pour une autre, n'ont pas réussi à se marier se jettent ou sont jetés dans les ordres et dans les couvents. Les ouvrages qui semblent mettre en doute l'existence de Dieu ou qui se contentent de poser des questions sur son statut sont condamnés au bûcher – et, le plus souvent, leurs auteurs avec eux. L'éducation des enfants est fondée sur la religion qui, à Damas et à Bagdad, à Rome, à Londres, à Paris, à Vienne et à Berlin, à Madrid, à Saint-Pétersbourg, s'empare des esprits de la naissance à la mort.

L'art et la religion sont liés l'un à l'autre. Ils l'ont toujours été. Bien avant le triomphe du monothéisme, et notamment en Égypte, dans l'*Iliade* et l'*Odyssée*, dans les temples d'Ionie, sur l'Acropole d'Athènes et chez les tragiques grecs, les dieux et les déesses sont les thèmes premiers et le plus souvent presque uniques de l'architecture, de la sculpture, du théâtre, de la philosophie, de la littérature. Avant même les dieux et les déesses, il semble bien que l'art, ou ce qui en tient lieu, ait une fonction magique. Le christianisme et, six ou sept cents ans plus tard, l'islam jouent avec un éclat sans pareil le rôle de promoteurs de la culture et de l'art. Les temples, les synagogues, les églises, les basiliques, les monastères, les baptistères, les mosquées, les universités, les tombeaux des grands personnages chantent la gloire de Dieu et la transmettent au peuple. Succédant à la Rome de la République et de l'Empire, et aussi à Damas et à Bagdad aux trésors innombrables, la Rome des papes devient le centre artistique de l'univers. Après les temps obscurs des grandes invasions qui avaient réduit Rome à l'état d'une bourgade misérable, les chroniqueurs du Moyen Âge et de la Renaissance prétendent avec vraisemblance que plus de la moitié des richesses du monde connu sont entassées dans la Ville éternelle. À Florence, à Sienne, à Spolète, à Assise, à Venise, à Naples, au fond des Pouilles, dans toute l'Italie, en France, en Espagne, dans les États allemands, en Autriche, en Pologne, en Russie, à Ispahan et à Samarkand, partout, jusque dans les campagnes les plus perdues et les villages les plus reculés, Dieu est à la source et au cœur de toute peinture, de toute sculpture, de toute architecture et de toute musique. Peindre, c'est s'occuper d'abord de Dieu, de sa mère, de ses saints. Les Caravage et les Titien sont de mauvais garçons, mais ils sont aussi les serviteurs de Dieu. Du chant grégorien à Bach et à Messiaen, de Dante, de Duccio, des Bellini, de Giotto à Claudel, à Dalí, à Cocteau, Dieu est partout autour de nous et en nous, dans les grandes choses et dans les toutes petites. Il fait tourner le soleil et les autres étoiles, il rend la vie plus grande et plus belle, et il est garant des mathématiques, de la grammaire, des manières de table et de l'éducation des enfants.

Il n'y a, en vérité, pas d'autre réalité que Dieu. Le bonheur, la santé, l'argent, l'amour, la gloire passagère des conquérants et des poètes, le cours de l'histoire des hommes et la marche des astres dans le ciel renvoient à Dieu, et à Dieu seul. Merci pour les roses et merci pour les épines. Que votre volonté soit faite sur la terre comme au ciel. Dieu est le seul garant de l'univers et de tout ce qui y figure. Imaginé par Dieu de toute éternité, et créé par Dieu il y a quelques milliers d'années, le monde est bordé par Dieu. Rien ne peut se produire, rien ne peut disparaître qui ne soit voulu par lui. La vie et la mort lui appartiennent.

Chapitre VII

Où Dieu, après avoir connu bien des épreuves,
passe ses pouvoirs à l'homme.

Dieu prend des visages différents et souvent opposés. Entre les trois monothéismes, la coexistence est difficile. En France, en Espagne, en Italie, en Autriche-Hongrie, en Pologne, l'Église catholique, apostolique et romaine, schisme triomphant issu du peuple hébreu, mène la vie dure aux juifs considérés comme responsables du procès et de la mort de Jésus, fils de Dieu et Dieu lui-même. Les orthodoxes, en Russie, ne sont pas plus bienveillants. La montée foudroyante de l'islam à partir du VIIe siècle fait des musulmans les ennemis jurés des chrétiens. Les neuf croisades successives sont, de part et d'autre, un grand moment de l'histoire des hommes où se mêlent l'héroïsme, la ruse, la cruauté, la légende. Au sein même du monde musulman, la bataille fait rage entre des factions opposées, et notamment entre sunnites et chiites.

De Marcion et d'Arius à Nestorius, à Photios et à Mgr Lefebvre, le monde chrétien est déchiré lui aussi par les hérésies condamnées de concile en concile, puis par la rupture entre l'Église romaine et l'Église orthodoxe, et enfin par les guerres de Religion sans merci entre catholiques et protestants. Il y a beaucoup de demeures dans la maison du Père – et elles ne s'entendent pas entre elles.

Les premières failles dans ce système où Dieu est la clé de voûte de l'univers et de toute existence se produisent en Europe, et notamment en France, à l'époque des Lumières. Des attaques, d'abord dissimulées et ironiques, sont lancées contre Dieu par Montesquieu – notamment dans les *Lettres persanes* qui, sous couvert de se moquer de l'islam, atteignent souvent le christianisme – et par Voltaire, puis, avec plus de violence, par Diderot. Voltaire se déchaîne contre « l'Infâme » qui se confond avec l'Église catholique, mais il croit toujours à l'existence d'une puissance qui ferait fonctionner l'univers :

L'univers m'embarrasse et je ne puis songer
Que cette horloge existe et n'ait point d'horloger.

Jean-Jacques Rousseau – qui a deux fils spirituels, l'un de gauche, Robespierre, qui imposera le culte de l'Être suprême, l'autre de droite, Chateaubriand, qui demeurera fidèle à l'Église catholique et romaine de son enfance – reste attaché à quelque chose de vague et d'un peu pleurnichard, en tout cas trempé de larmes, que nous appellerions aujourd'hui la force de l'esprit. S'inspirant, au loin, de Lucrèce et de Spinoza, c'est Diderot qui va le plus loin : il engage son *Encyclopédie* sur les rails d'un matérialisme en route vers le transformisme. Quarante ans avant Lamarck, soixante ans avant Darwin, il annonce déjà, dans la langue du XVIIIe, l'évolution des espèces : « Tous les êtres circulent les uns dans les autres. Tout est en un flux perpétuel. Tout animal est plus ou moins homme ; tout minéral est plus ou moins plante, toute plante est plus ou moins animal. Il n'y a qu'un seul individu : c'est le tout. Naître, vivre et passer, c'est changer de forme. »

Mais la machine de guerre la plus puissante contre l'idée de Dieu ne sera pas dressée par les philosophes. Elle sera l'œuvre des savants. Les idées mènent le monde – et elles prennent peu à peu le visage d'une observation de plus en plus affinée et lointaine dans l'espace et le temps, le visage surtout de l'expérience mathématique et des chiffres.

Ce ne sont pourtant pas les astronomes qui lancent l'attaque contre Dieu. Copernic est chanoine. Kepler est très loin d'être athée. Galilée, qui passera devant le tribunal de l'Inquisition, est un catholique sincère. Newton croit en Dieu avec ardeur. Ce n'est pas Dieu que menacent la révolution copernicienne et l'attraction de Newton, c'est la place de l'homme dans l'univers. Elles le chassent de la situation privilégiée qu'il croyait occuper au cœur du monde depuis les anciens Grecs qui le considéraient comme la mesure de toute chose. Elles s'en prennent, non à Dieu dont elles continuent de chanter la puissance, mais à l'orgueil des hommes.

L'offensive décisive est menée par un simple voyageur au long cours, un biologiste amateur, un anthropologue de génie. Darwin, dans sa jeunesse, était distrait et tête en l'air. Fils de médecin, il aimait sa femme qui s'appelait Emma, la chasse, les plantes, les papillons, la campagne, une vie très calme. Il voulait devenir pasteur. C'est dire s'il croyait, lui aussi, à l'existence de Dieu. Après une croisière de cinq ans autour du monde à bord d'un bateau devenu célèbre dans l'histoire des sciences, le *Beagle*, il lui arrive un grand malheur aux yeux d'Emma et un grand bonheur aux yeux de la biologie : il entre dans la gloire en découvrant quelque chose qui rôdait déjà dans l'air du temps et qui allait s'appeler le transformisme et l'évolution. Et il perd la foi. Après lui avoir parlé du « danger d'abandonner la révélation », sa femme lui écrit ces mots déchirants : « Je serais extrêmement malheureuse si je pensais que nous ne nous appartenons pas l'un à l'autre pour l'éternité. »

C'est que Darwin, si longtemps croyant, se voit contraint d'abandonner l'idée d'un Dieu créateur qui régnerait à jamais dans les cieux. Pourquoi ? Parce que, réunissant dans une même science générale de la vie la botanique, la zoologie et l'anthropologie, il fait descendre toutes les espèces vivantes d'un même ancêtre commun. Dieu, du coup, devient inutile. Il n'a pas créé l'homme et la femme comme une espèce distincte, tirée du néant, coupée de tout ancêtre et à qui appartiendrait en propre quelque chose d'éternel et d'apparemment lumineux, mais en réalité obscur, qui pourrait passer pour une âme. Des amibes et des algues bleues aux vertébrés et aux primates court un fil continu qui ne s'interrompt pas. Les hommes sont des primates modifiés par le temps, les singes sont leurs cousins et la création entière sort d'une souche commune et très ancienne, capable de sécréter d'elle-même le mouvement, l'instinct, la mémoire, le rire, le chant, la pensée et la parole.

Avec une audace inouïe, Darwin recule nos origines au-delà de l'imaginable. Il découvre que la vie est bien plus vieille que les meilleures têtes ne le croyaient à l'époque et que l'univers est plus vieux encore. La Bible assigne à l'univers une durée de quatre mille ans. Épris de précision, l'archevêque anglican James Ussher, après une enquête minutieuse, avait fixé la date de la création du monde au 23 octobre 4004 av. J.-C., entre neuf heures du matin et quatre heures de l'après-midi. Comme tous les esprits de son temps, Bossuet était encore convaincu que le monde avait moins de six mille ans. Buffon pensait qu'il fallait allonger le plus possible le temps écoulé depuis les origines du monde. Il penchait pour soixante-quinze ou cent mille ans, peut-être deux cent mille ans – et sans doute un peu plus. Darwin rejette très loin dans le passé l'ancêtre unique de toute vie et expulse de l'histoire un Dieu créateur qu'il réduit soudain à l'état de légende. C'est une découverte de génie et, pour des millions de croyants, c'est un drame sans nom et une catastrophe métaphysique.

Un peu plus d'un demi-siècle plus tard, des astronomes, des physiciens, des mathématiciens, des cosmologues découvrent que les galaxies ne cessent de s'éloigner les unes des autres et que l'univers est en expansion. Du coup, ils lancent l'idée d'une explosion primitive à l'origine d'un univers d'abord infiniment petit, chaud et dense avant de s'éparpiller, de se refroidir et de devenir infiniment grand. Et, par dérision d'abord, puis avec plus de sérieux, ils lui donnent le nom de big bang. L'Église catholique se jette sur cette aubaine qui n'est pas inconciliable avec l'enseignement de la Bible et qui lui fournit une sorte de revanche ambiguë sur la découverte de Darwin. Une anecdote sans doute légendaire mais éloquente dans son invraisemblance présente le pape Jean-Paul II recevant l'astronome Stephen Hawking et lui disant : « Entendons-nous bien, monsieur Hawking : tout ce qui est après le big bang est à vous, mais tout ce qui est avant est à moi. »

Le big bang, l'expansion de l'univers, Hubble qui est à l'origine de sa découverte, le chanoine Lemaître qui est parvenu aux mêmes conclusions à la suite de travaux strictement mathématiques, Einstein qui déclare à un rabbin américain croire au Dieu de Spinoza, le jésuite Teilhard de Chardin, grand esprit qui s'efforce de réconcilier science et religion, ne suffisent pas à rendre à Dieu la place qui avait été la sienne pendant deux millénaires. Non seulement le big bang n'est qu'une hypothèse, largement acceptée, il est vrai, par l'immense majorité des savants mais, même pour ses partisans, il ne se confond pas avec une création de l'univers. Il n'est pas sûr que le big bang, qui est à l'origine de notre espace en expansion continue, ait vraiment été à l'origine du temps. Saint Augustin soutenait déjà, dans le livre XI des *Confessions*, que Dieu a créé le temps en même temps que l'univers. Mais nombre de cosmologues pensent que le big bang, loin de le créer, s'est produit dans le temps et que notre *univers* n'est qu'un accident heureux dans une multitude infinie de *multivers*.

Dieu, en tout cas, n'avait pas créé Adam et Ève. Et de la poussière des étoiles à Homère, à Alexandre le Grand, à Dante, à Titien, à Bonaparte et à nous, en passant par les bactéries, les amibes, les algues, les poissons, les vertébrés, les primates et ma grand-mère dans sa cahute d'osier, il y avait une chaîne continue d'où toute intervention divine ne pouvait être qu'exclue.

Feuerbach, Marx à gauche, Nietzsche à droite, Freud et tant d'autres n'ont eu qu'à tirer, dans des perspectives et des contextes différents, la conclusion de l'affaire : Dieu était mort. Il était inutile. On pouvait se passer de lui. Il fallait l'oublier : la science suffisait. Dieu était un mythe passager des temps primitifs et obscurs. Il avait eu une vie glorieuse dans l'esprit et le cœur des hommes pendant quatre ou cinq mille ans. Et – au moins chez nous, en Europe – il était mort. Il laissait la place à l'évolution, au changement, au hasard, à la nécessité, au temps qui passe et à l'homme. La science avait mené à bien la plus grande révolution de tous les temps.

Privé de ce rêve inepte et rassurant qu'il avait projeté au-dessus de lui et auquel il avait donné le nom de Dieu, l'homme restait seul à régner dans un coin perdu de l'univers. Il n'avait plus que l'image qu'il se faisait de lui-même pour donner un sens à la vie et au monde. Et peut-être n'y avait-il plus de sens du tout et l'homme, la vie, l'univers étaient-ils voués à l'absurde.

Chapitre VIII

*Où la guerre fait rage, où il est question de deux
palefrois, de verts taillis mouillés, de papillons
réveillés, et où apparaissent successivement une
jeune fille qui porte l'aube à son front et un bouddhiste égaré dans la Haute-Sarthe.*

Dieu avait jeté l'éponge. C'était le temps des
épreuves. La guerre battait son plein. L'Angleterre de Winston Churchill n'était déjà plus seule
à affronter l'Allemagne nationale-socialiste. La
Russie communiste, hier encore alliée de l'Allemagne, les États-Unis, le Japon, une bonne
partie de l'Afrique et de l'Amérique du Sud,
tout le sud-est de l'Asie, les îles éparses du
Pacifique étaient entrés dans la danse. Les Allemands occupaient la France et l'Europe presque
entière, menaçaient Leningrad et Moscou, avançaient vers le Caucase et vers Le Caire, rêvaient
d'une jonction entre les troupes du maréchal von
Kleist et celles du maréchal Rommel. Quelle

époque ! Nous manquions de beurre, de viande, de poisson, de chaussures, de tout. Notre sauveur s'appelait Staline. Dans les plaines interminables de Russie, il était le défenseur de la patrie, des droits de l'homme, de la civilisation. C'était un humaniste. Nous levions le poing en son honneur. Le monde avait perdu ses couleurs et son charme. J'avais quinze ans. Une quarantaine de chars allemands étaient rangés dans la cour en briques roses de Plessis-lez-Vaudreuil où régnait mon grand-père.

Les malheurs de la guerre avaient incité un neveu un peu lointain de mon grand-père et sa femme à venir habiter avec nous. L'oncle Édouard était un grand type presque sans cheveux, amateur de chasse à courre et de généalogie, lecteur de *L'Action française*, plus réactionnaire encore, et ce n'est pas peu dire, que mon grand-père bien-aimé. Il s'était retrouvé au Chemin des Dames à dix-huit ans et il vouait un culte au maréchal Pétain. Il s'obstinait à m'apprendre les paroles et la musique d'une chanson en vogue ces temps-là et que je chantais non seulement très faux mais avec beaucoup de réticence. Elle commençait par ces mots indéfiniment rabâchés dans les manifestations officielles et à la radio :

Maréchal, nous voilà !
Tu nous as redonné l'espérance...

Blonde, normande, les yeux très bleus, au bord parfois de l'affectation, tante Françoise, sa femme, avait dû être assez belle au lendemain de la Première guerre. Elle l'était encore à la veille de la Seconde sur les plages de Biarritz et sur les terrains de golf. Vive, curieuse de tout, déjà déterminée, leur fille n'était pas mal non plus. Elle avait mon âge, ou un peu plus. J'étais amoureux d'elle.

Nous allions ensemble chez le doyen Mouchoux, à côté de l'église, dans son presbytère plein de livres et qui sentait le tabac, préparer avec lenteur et avec une sage distance ce que nous appelions alors le *bachot* et qui est devenu le *bac*. Et nous revenions ensemble. Le dimanche, nous allions nous promener à bicyclette dans les forêts et le long des étangs de la Haute-Sarthe que je me mettais à aimer grâce à elle et pour elle. Pour l'épater un peu et avec un pédantisme racheté par la gaieté, je lui récitais la chanson d'Eviradnus :

> *Si tu veux, faisons un rêve.*
> *Montons sur deux palefrois.*
> *Tu m'emmènes, je t'enlève.*
> *L'oiseau chante dans les bois.*
>
> *Je suis ton maître et ta proie.*
> *Partons, c'est la fin du jour.*
> *Mon cheval sera la joie,*
> *Ton cheval sera l'amour.*

Viens ! sois tendre, je suis ivre.
Ô les verts taillis mouillés !
Ton souffle te fera suivre
Des papillons réveillés.

Allons-nous-en par l'Autriche !
Nous aurons l'aube à nos fronts.
Je serai grand et toi riche
Puisque nous nous aimerons.

Tu seras dame et moi comte.
Viens ! mon cœur s'épanouit.
Viens ! nous conterons ce conte
Aux étoiles de la nuit.

Nous nous tenions par la main. Elle m'appelait son cheval de joie, je l'appelais mon cheval d'amour. Je lui disais qu'elle était ma dame, elle me traitait de vieux conte. Elle me regardait comme son maître et sa proie, je lui murmurais qu'elle avait une odeur des parfums d'Arabie et je lui décrivais les essaims de papillons – *Schmetterlinge, butterflies, farfalle, mariposas, burbuletas*... – qui se pressaient en foule derrière elle. Nous avions seize ans. Nous ne faisions presque rien, nous ne bougions pas beaucoup : en esprit au moins, nous nous en allions par l'Autriche avec l'aube à nos fronts. Nous nous moquions des autres et de nous et, sous le soleil et sous la lune, nous riions beaucoup.

Le soir, dans sa chambre, au-dessus de la table de pierre où se réunissait la famille, nous écoutions, très bas, pour que ses parents ne nous entendent pas, et sous les gargouillis du brouillage, l'émission de la radio de Londres « Les Français parlent aux Français ». Nous étions des héros par personnes interposées. Dans les sables du désert. Dans les neiges de Russie. Chaque nouvelle un peu réconfortante, et elles n'étaient pas légion, nous jetait l'un contre l'autre. Ah ! jeunesse, jeunesse… Je la prenais dans mes bras et je la couvrais de baisers. J'étais gaulliste. D'émission en émission et de baisers en baisers, il me semblait qu'elle le devenait.

Souvent, Marie et moi – elle s'appelait Marie et j'ai beaucoup parlé d'elle dans plusieurs de mes livres –, nous allions visiter une de ces églises ou un de ces châteaux qui parsèment la Haute-Sarthe. De temps en temps, nous passions dans une ferme qui appartenait à mon grand-père. Le personnage qui s'en occupait avait de quoi nous intriguer. Les gens du pays racontaient qu'il était bouddhiste. Un bouddhiste à Plessis-lez-Vaudreuil ! Voyez-vous ça ! Le père de Marie en faisait des gorges chaudes. Il proposait, en plaisantant à peine, d'envoyer le fermier de mon grand-père se battre sur le front de l'Est contre le bolchevisme.

Je regardais Marie. Elle levait les yeux au ciel.

Chapitre IX

Où le lecteur, proprement enchanté d'échapper au progrès et à l'ennui du monde moderne, rencontre des conquérants, des empereurs, des sages, des moines bouddhistes, et finit par pénétrer successivement dans le pays de l'Éléphant et dans le royaume du Dragon.

Voilà longtemps déjà que l'Inde et la Chine hantaient nos imaginations et notre ignorance si sûre d'elle. Nous ne savions pas grand-chose, mais nous avions entendu dire depuis toujours qu'un grand empereur chinois dont le nom nous échappait comme le reste avait brûlé tous les livres et construit une muraille. Qu'une armée de pierre l'aurait accompagné dans sa tombe entourée de mystère (nous adorions les mystères et la perpétuation). Et qu'au temps d'Auguste, ou un peu plus tard, des légionnaires romains, faits prisonniers par les Parthes et remis par eux aux Chinois pour une raison ou une autre, s'étaient installés dans l'empire du Milieu, du côté du Lob Nor. Nous nous faisions une idée, plus ou moins vague, de Confucius, du tao, de Lao-tseu, de Tseu-hi, des Boxers, des *Cinquante-Cinq Jours de Pékin* – avec Ava Gardner et David Niven –, des deux beaux-frères légendaires, les maris des sœurs Song : Sun Yat-sen et Tchang Kaï-chek.

Et nous savions que les Indes, où s'étaient développées, il y a longtemps, sur les rives de l'Indus, les civilisations obscures et brillantes de Harappa ou de Mohenjo-daro dont nous ignorions tout, avaient été envahies successivement par les Indo-Européens, par Alexandre le Grand, par les Grands Moghols, par les Portugais, les Hollandais, les Français et les Anglais. Précédant le Christ de cinq cents ans, le Bouddha nous était presque familier et les noms d'Asoka, de Gandhi, de Rabindranath Tagore, et surtout du nizam d'Hyderabad et du prince de Kapurtala – que, pour des raisons obscures où l'argent jouait un rôle, nous considérions presque comme des cousins – ne nous étaient pas tout à fait étrangers.

Une vingtaine d'années après *Au plaisir de Dieu*, dans un livre intitulé *Histoire du Juif errant*, j'ai moi-même fait circuler entre la Chine et l'Inde, autour du VIᵉ siècle après le Christ, un moine bouddhiste chinois qui a vraiment existé, qui s'appelait Hiuan-tsang et qui, venu de l'empire du Milieu, descendait à travers l'Himalaya, au prix de mille dangers, vers Jampudvipa, ou le pays de l'Éléphant, ou Tian zhu, ou Shen du, ou Xian dou, ou encore Yin du – c'est-à-dire l'Inde – à la poursuite d'une dent, d'un cheveu, d'une trace de pas du Bouddha.

Entre cette Chine et cette Inde qui nous auront tant fait rêver, se dissimulait une région, la plus haute du globe, dont personne n'a longtemps rien su : le Cachemire, le Ladakh, le Népal, le Tibet, l'Everest, l'Himalaya. Des livres, des expéditions, des alpinistes, des films en avaient parlé entre les deux guerres avec une sorte de révérence un peu vague, et presque de terreur. Je me souviens d'un film consacré à un pays mythique caché dans l'Himalaya : Shangri-la. Ce film, qui s'appelait, je crois, *Lost Horizon – Horizons perdus* en version française – et qui m'avait impressionné, je ne l'ai plus jamais revu depuis mon enfance. Mais il y avait mieux.

Au cœur de l'Himalaya, plus haut et plus loin encore – et plus réel – que Shangri-la, était tapi un pays fermé sur lui-même, que personne n'avait jamais parcouru et dont l'existence relevait de la légende : le royaume du Dragon.

Chapitre X

Où le lecteur découvre une monarchie pleine de mystère, où il se lie avec le major Alistair McPherson, MC, VC, DSO, et où il se promène avec lui, à travers l'Inde des maharajahs, entre des éléphants en proie à un vif chagrin et une jeune mariée qui n'a pas froid aux yeux.

À peu près de la taille de la Suisse mais beaucoup moins peuplé, le Bhoutan – ou Druk Yul, « le pays du Dragon » en dzongkha, la langue du Bhoutan, la langue parlée dans les *dzong*, c'est-à-dire les monastères bouddhistes qui étaient en même temps des forteresses – a longtemps été une communauté religieuse à l'écart du reste du monde. Au début du siècle dernier, à une époque où, chez nous, en Europe, les monarchies se changeaient en républiques, cette théocratie de moines fonctionnaires et guerriers, par goût du paradoxe peut-être, ou plutôt, sans doute, par souci de modernisme, s'était changée en monarchie. Jusqu'à la Seconde

Guerre mondiale, il était presque impossible aux voyageurs en train de se muer en touristes de se rendre dans le royaume du Bhoutan, protégé par ses montagnes, où personne n'avait jamais entendu parler de chemin de fer, ni de routes carrossables, ni, bien sûr, d'aéroport. Seuls, un très petit nombre d'aventuriers, de têtes brûlées, d'alpinistes rêveurs et d'officiers britanniques de l'entourage du vice-roi des Indes pouvaient se vanter d'avoir mis le pied sur le sol du pays du Dragon. Parmi eux, le major Alistair McPherson.

Grand, l'air toujours étonné, presque roux, avec une moustache qui aurait pu paraître ridicule sur tout autre que lui – et peut-être même sur lui –, qui aurait pu penser que le major Alistair McPherson, MC, VC, DSO, allait jouer un rôle dans ma vie ? Il l'a joué parce qu'il aimait l'Empire britannique, le raj, l'armée, le golf – et ma tante Françoise. Il l'avait rencontrée sur un terrain de golf, à Saint-Nom-la-Bretèche ou à Biarritz, et il s'était attaché à elle. Que s'est-il passé entre le major et ma tante ? Qui le sait ? Pas moi. Le major était mort depuis belle lurette quand ses photos et son nom sont parvenus jusqu'à moi. Il avait eu le temps, en tout cas, dans les premières années après la guerre de 14, d'emmener tante Françoise et son mari dans les Indes encore anglaises.

Ils s'étaient promenés tous les trois à cheval, en voiture et à dos d'éléphant ou de chameau à travers un Rajasthan qui n'était pas encore la proie des *tour operators* et où les palais des maharajahs et des maharanées n'étaient pas encore transformés en hôtels de luxe à l'usage des *traders*. Ils avaient passé des jours et des nuits d'éblouissement à Jaipur, à Jodhpur, sur les bords du lac d'Udaipur et à Jaisalmer. Ils s'étaient extasiés comme tout le monde sur le Taj Mahal où il s'était produit quelque chose, mais je ne sais pas quoi avec précision, entre le major et ma tante. Dans un des pavillons de Fatehpur Sikri, la ville d'Akbar abandonnée pour cause de manque d'eau quelques années après sa fondation, pavillon spécialement aménagé pour le major et ses hôtes, ils avaient passé trois nuits de rêve dont les échos parvenaient encore vingt ans plus tard jusqu'à la table de pierre de Plessis-lez-Vaudreuil.

Mon oncle et ma tante racontaient volontiers leurs promenades sur le lac enchanteur d'Udaipur qui devait servir de cadre, bien des années plus tard, à une des aventures de James Bond, leur visite au gâteau de miel rose du palais des Vents de Jaipur, leur entrée à dos d'éléphant dans le fameux fort d'Amber, avec ses enfilades de cours, de bassins, d'escaliers, son gynécée, sa galerie des miroirs, et son jardin dans une île, au pied des remparts, et où vous ne vous promenez qu'avec les yeux, l'enterrement auquel ils avaient assisté d'un frère du maharajah de Jodhpur qui portait le titre enivrant de maître des éléphants. Ces irrésistibles animaux lui étaient si attachés que, le jour des obsèques, au passage du cercueil qui défilait devant eux, ils levaient l'un après l'autre leur trompe en signe d'adieu et les spectateurs bouleversés voyaient des larmes couler de leurs yeux.

Oncle Édouard et tante Françoise ne se privaient pas non plus de donner une foule de détails sur leurs liens avec la maharanée de Jaipur, encore toute jeune en ces temps-là, qui venait de se marier et qui était en effet une personne remarquable. Elle était la fille du maharajah de Gwalior, et elle avait été élevée dans ce merveilleux palais de Gwalior, mi-trésor d'art, mi-forteresse, chef-d'œuvre de la chevalerie rajpoute, qui dresse au centre du continent indien son architecture échevelée où se mêlent stalactites de pierre, écrans de marbre ajouré, faïences émaillées en panneaux ou en frise représentant des tigres, des oiseaux, des éléphants, des crocodiles. Elle avait été fiancée à quinze ans à un maharajah du nord de l'Inde, au pied de l'Himalaya, et elle était tombée amoureuse du jeune et charmant maharajah de Jaipur qui offrait un seul inconvénient : il était déjà marié et même pourvu de deux femmes. Avec une audace incroyable en ce temps-là, à son âge et dans son milieu, elle avait rompu ses fiançailles et elle était devenue la troisième épouse du maharajah de Jaipur. Le mariage s'était révélé très heureux, à la surprise de sa mère qui lui aurait murmuré ces mots dépouillés d'artifice : « J'aurais tant voulu que tu épouses un célibataire… »

Le major McPherson ne s'était pas contenté de trimbaler ses hôtes français dans le Rajasthan, à Khajurâho aux sculptures érotiques, à Konarak, près de Puri, avec son temple aux roues sculptées et dédié au Soleil, à Mahâbalipuram où est célébré le culte de Siva, dans les jardins de Delhi. Il avait souhaité leur laisser le souvenir d'une expérience unique à cette époque. Il leur proposa de l'accompagner au Bhoutan où il devait remettre au souverain un message du vice-roi des Indes. Mon oncle et ma tante n'hésitèrent pas longtemps : ils acceptèrent.

Chapitre XI

Où le lecteur pénètre grâce au major McPherson dans le dzong perché de Trongsa, au cœur du royaume du Dragon.

L'expédition fut, sinon périlleuse, du moins longue et difficile. Entourés d'un petit détachement de soldats anglais et hindous, les trois voyageurs se déplacèrent d'abord en train et en voiture, puis à cheval et, à plusieurs reprises, dans des passages particulièrement escarpés ou ardus, à pied. Venant du Bengale occidental, ils pénétrèrent dans le Bhoutan par la bourgade de Phuentsoling et mirent quatre jours à parvenir dans la vallée de Paro où s'élevait depuis des siècles le temple vénérable de Taktsang. Le célèbre guru Rimpoché y était arrivé il y a mille ans avec plus de facilité en volant sur le dos d'une tigresse ailée pour combattre huit milices d'esprits mauvais et pour convertir la région au bouddhisme. Les voyageurs passèrent quelques jours à Taktsang, détruit en avril 1998 par un incendie déclenché par la chute d'une lampe à beurre, événement qui a provoqué une profonde émotion bien au-delà des frontières du Bhoutan.

La petite troupe quitta Taktsang pour gagner Trongsa, au centre du pays, où le major devait rencontrer le roi du Bhoutan. Les voyageurs mirent une petite semaine pour parcourir ce trajet qui, aujourd'hui, grâce à une route goudronnée, prend à peine une journée. Le paysage, d'un bout à l'autre, était un émerveillement. Les rhododendrons et les magnolias de plusieurs mètres de hauteur étaient en fleurs et mettaient des taches rouges et blanches dans les forêts d'arbres tropicaux et alpins, de bananiers et de palmiers, de sapins et de chênes. Ils avançaient lentement, tous les trois, entourés de leurs gardes : peut-être à peine une vingtaine de kilomètres à l'heure. Mais ils n'avaient pas le temps de s'ennuyer : sur ce court trajet et en quelques instants, à la façon d'un décor en train de changer sans cesse, se succédaient des rizières, des arbres à soie, des plantations de thé, des orangers, des citronniers et des cyprès qui poussaient à deux mille mètres d'altitude, des plantes des pays chauds et des feuillus des pays froids, des genévriers et des orchidées, des edelweiss et des gentianes, des rhubarbes géantes et des pavots bleus. Les éléphants et les tigres se dissimulaient aux regards. Mais les singes, les daims, les yaks, les moutons bleus étaient nombreux autour d'eux. Et des grues à col noir, vénérées à l'égal de déesses par les gens du pays, passaient en vols serrés au-dessus de leurs têtes.

L'arrivée au dzong de Trongsa fut un choc pour les deux Français. Perchée sur sa montagne, la vieille forteresse bouddhiste couronne un éperon rocheux qui surplombe la gorge d'une rivière roulant en contrebas et domine toutes les routes qui convergent vers le couvent. La vue, du haut du dzong, s'étend sur des espaces immenses et rien ne pouvait échapper à la vigilance des guetteurs. Mais c'est surtout dans l'autre sens que le spectacle coupe le souffle. Les chemins d'accès sont si sinueux et si longs et ceux qui veulent gagner le dzong l'aperçoivent si longtemps de si loin qu'ils perdent assez vite tout espoir d'y parvenir. Des sommets de son piton, la masse aérienne du monastère nargue le voyageur qui finit par se persuader que ce Graal fortifié est à jamais hors d'atteinte. Au-dessus du dzong, une tour de guet, le Ta dzong, ajoute encore à la grandeur sauvage du site. À Plessis-lez-Vaudreuil occupé par les Allemands, ma tante Françoise parlait encore, avec une émotion due peut-être, en partie, au souvenir de son guide, du dzong de Trongsa, fiché au cœur de ces montagnes où citronniers et palmiers, magnolias, rhododendrons poussent au milieu des glaces.

Chapitre XII

Où le lecteur, après avoir visité un couvent-forteresse, tombe sur un jeune orphelin qui va jouer un grand rôle dans la vie de l'auteur.

Soixante ans plus tard, j'entends encore la voix, un peu maniérée, de ma tante Françoise en train de raconter pour la dixième ou pour la vingtième fois, à l'occasion d'une de ces fêtes carillonnées où nous nous ennuyions ferme ou à l'usage de nouveaux venus, son arrivée au dzong de Trongsa. Pour plusieurs raisons qui apparaîtront bientôt, ces récits répétés ont pesé sur ma vie. Et d'abord parce qu'ils ont provoqué chez moi une soif ardente de voyages. Quoi ! Il y avait des pays où les magnolias poussaient à trois mille mètres d'altitude et dont ni mon grand-père, ni le doyen Mouchoux, ni Stendhal, ni Flaubert, ni Aragon, que je lisais avec passion, ne m'avaient jamais rien dit ! J'étouffais. Plessis-lez-Vaudreuil m'apparaissait soudain sous les traits d'une prison. Derrière Trongsa brillaient des coupoles, des dômes, des pyramides, de grands fleuves, des temples sur des collines, des ports avec des voiliers. Une envie furieuse me prenait de me promener à travers le monde – aux côtés de Marie, si possible.

Aucune interdiction n'empêchait les étrangers de visiter le dzong de Trongsa pour la bonne raison qu'aucun étranger ne venait jamais à Trongsa. Le major McPherson et ses deux compagnons furent reçus avec surprise, mais avec courtoisie par les moines vêtus d'orange. Le major indiqua en quelques mots la mission dont il était chargé et les moines joignirent leurs mains en guise de salut. Tous les trois traversèrent des cours dont les murs étaient ornés de fresques qui représentaient des dragons, des tigres, des éléphants et d'où partaient des escaliers qui montaient vers des tourelles couronnées de parasols ou d'ombrelles de bois où étaient suspendus des drapeaux de toutes les couleurs et d'innombrables cloches qui résonnaient au vent.

Dans un des bâtiments du couvent-forteresse étaient réunis, sous la direction de deux adultes et d'un vieillard, une quarantaine de jeunes gens entre huit et vingt-cinq ans. L'assemblée tenait du repas pris en commun, de la méditation dans un séminaire et d'un cours dans une école ou dans une université. De temps en temps, un des maîtres prononçait quelques mots ou récitait des sutras. Les textes sacrés étaient repris par les novices en une espèce d'écho ou de prière psalmodiée qui n'empêchait personne de continuer à absorber le riz aux fèves qu'un jeune garçon ne cessait de déposer dans les bols placés devant chaque participant. Le jour entrait à peine dans la salle remplie de bancs et plongée dans une semi-obscurité d'où s'élevait une rumeur silencieuse mêlée de prières et de bruits de vaisselle.

Un garçon de huit ou neuf ans, déjà vêtu de la robe orange, qui veillait à la porte de l'étude-réfectoire, avait été détaché auprès des visiteurs pour les guider dans le monastère. Ma tante Françoise ne mit pas longtemps à découvrir que l'enfant était au bord des larmes. Elle se détourna aussitôt des manuscrits, des instruments de musique, des Bouddhas couchés ou assis pour se pencher sur son cas et se faire raconter ce qui se passait : le moine-enfant venait de perdre coup sur coup son père et sa mère, et il restait seul avec son frère de deux ans. Le jeune moine avait été recueilli par le dzong, mais le sort de son frère lui faisait verser des torrents de larmes qu'il avait du mal à contenir.

L'histoire bouleversa ma tante. Dès le lendemain matin, elle demanda au major de pousser jusqu'au village des deux frères. C'était un pauvre hameau où s'élevaient quelques granges délabrées. Je me souviens même de son nom :

les gens du pays appelaient l'endroit Ura. Dès qu'elle aperçut dans les bras d'une vieille femme à peine capable de tenir debout l'enfant qui avait moins de deux ans, ma tante Françoise fut folle de lui.

Chapitre XIII

Où le lecteur commence, à toute allure, à en apprendre un peu plus sur les voies impénétrables de la vie et où un fermier de la Haute-Sarthe prête à l'auteur un ouvrage d'André Gide.

Il y a dans toutes les familles, sinon des secrets, du moins des tourments plus ou moins cachés et capables de faire souffrir. Ma tante Françoise se désolait de n'avoir pas d'enfant. Elle prit feu et flammes pour le frère de l'enfant-moine et ne pensa plus qu'à l'arracher au sort qui l'attendait à Ura et à le ramener avec elle. En ces temps-là, au Bhoutan – surtout avec l'aide des services du vice-roi des Indes –, l'adoption d'un orphelin ne posait guère de problèmes. Grâce au major McPherson, l'affaire fut rondement menée. Le jeune Pama Karpo débarqua en France dans les bras de ma tante. Vous savez comment va la vie. Quelques mois après son retour, ma tante Françoise se trouva enceinte de Marie.

Allons un peu vite. Pama enfant était très beau et un peu endormi. L'oncle Édouard n'était pas fou de cette pièce tibétaine et rapportée, mon grand-père l'ignorait. Le rescapé du pays du Dragon alla à l'école et échoua deux fois au baccalauréat. Mon grand-père était propriétaire de plusieurs fermes aux environs de Plessis-lez-Vaudreuil. Le fermier de l'une d'elles, les Quatre-Vents, était vieux et réclamait de l'aide. On lui donna Pama Karpo. L'année d'après le fermier mourut et Pama devint, avec un succès honorable, le fermier de mon grand-père. Les familles de cette époque aimaient beaucoup ce qu'elles appelaient « régler les affaires ». La lubie de ma tante Françoise était une affaire réglée.

Marie et moi passions de temps en temps à vélo voir le fermier bouddhiste. Ma tante ne lui avait pas caché ses origines – qui étaient difficiles à cacher. Il avait appris à l'école des rudiments d'histoire des religions et, peut-être par provocation, il avait fait de la vieille ferme des Quatre-Vents, avec ses poutres en bois et ses murs peints à la chaux, une espèce de sanctuaire bouddhiste orné de lampes à beurre que lui avait données ma tante et d'images du Bouddha découpées dans des revues. Quand il ne travaillait pas aux champs, il lisait des sutras et il nous accueillait en joignant les mains à la façon de son pays.

Il était renfermé et très gai. Il riait beaucoup. Il lisait aussi tout ce qui lui tombait sous la main.

Nous lui apportions des livres et il lui arrivait de nous en prêter. C'est à lui que je dois d'avoir lu pour la première fois *Les Nourritures terrestres*.

Nous repartions tous les deux, Marie et moi, sur nos bicyclettes. Il allait travailler. Nous allions nous baigner dans l'étang des Quatre-Vents ou dans celui du Parre.

— Tu crois qu'il est heureux ? me demandait Marie.

— Je ne sais pas, lui disais-je.

— Tu ne sais jamais rien, me disait-elle. Est-ce qu'il t'arrive d'avoir une idée, de croire quelque chose ?

— Je crois que je t'aime, lui disais-je dans un souffle.

— Ce n'est pas ce que je te demande. Je te parle de Pama.

— Il est un peu mystérieux.

— C'est vrai. Il est étrange. Impossible de savoir ce qu'il pense.

Chapitre XIV

Où, suivant des chemins nouveaux, le boudd-
hisme mène au communisme et où, selon les
recettes les plus éprouvées, l'amour se mêle à la
guerre.

C'était la guerre. La vie était difficile. Mais elle
se poursuivait. Dès 1942, en tout cas dès le début
de 1943, il fallait être aveugle pour ne pas voir
la victoire briller au bout du chemin. L'échec de
Rommel, la défaite allemande à Stalingrad son-
naient le glas de la folle aventure du chancelier
Hitler et du IIIe Reich national-socialiste. On
entendait un peu partout le bruit des vestes qui
se retournaient. Partout, la Résistance devenait de
plus en plus forte. Elle prenait pour Marie et pour
moi une figure très précise : nous découvrions
avec stupeur que notre ami bouddhiste était communiste et engagé dans la lutte contre l'occupant.
Les choses se firent peu à peu. Il n'y eut pas
de déclaration tonitruante. Mais quelques mots

échangés, quelques réflexions qui tombaient tout à coup, peut-être seulement quelques regards. Il s'absentait de temps en temps. Il recevait du courrier. Il avait bricolé un vieux poste de radio dont il se servait avec ardeur. Il lisait des brochures sur Karl Marx et sur l'histoire du parti communiste. Marie et moi, le bac en poche, étions partis pour Paris poursuivre quelque chose qui ressemblait à des études. Les vacances de Pâques 1944 nous avaient ramenés à Plessis-lez-Vaudreuil où nous comptions rester quelques semaines pour préparer au calme, elle, un examen à l'École du Louvre, moi, un certificat de licence. Un beau soir où nous étions passés le voir comme souvent, Pama nous retint au moment où nous allions le quitter pour rentrer chez mon grand-père. Il nous confia, sous le sceau du secret, qu'en certaines occasions il s'appelait Paul Vinteuil et il nous demanda si nous voulions l'aider dans ces occasions-là. L'aider à quoi ? Nous avions compris aussitôt.

À partir de là, les choses s'enchaînèrent de la façon la plus simple. Nous aidions Pama à faire fonctionner sa radio et une ronéo dissimulée derrière des bottes de paille. Nous portions des messages à bicyclette, souvent assez loin. Il nous arrivait de transporter des armes. Quelques jours avant le débarquement en Normandie, il y eut une nuit glorieuse : deux parachutistes de la Royal Air Force vinrent atterrir sur un terrain balisé par nos soins. Un des deux archanges tombés du ciel qui passaient leurs nuits dans les greniers de Plessis-lez-Vaudreuil n'était pas seulement le produit rose et charmant des meilleures universités et des meilleurs collèges anglais et un cousin de ces sœurs Mitford qui avaient défrayé avec leurs aventures amoureuses et politiques la chronique d'avant-guerre, il était aussi un neveu lointain du major McPherson. Ce fut la joie dans la vieille maison. Je ne mis pas longtemps à comprendre que Marie, lassée de moi, était tombée amoureuse du lieutenant Patrick O'Shaughnessy.

Chapitre XV

Où une histoire juive et zen à la pointe émous-
sée est racontée au lecteur et où l'auteur se débat
entre ivresse et désespoir.

Comme nous nous trompons ! Comme je me
suis trompé ! Il me semble, tout à coup, que j'ai
passé ma vie à me tromper. Nous ferions mieux
de nous taire, de renoncer à toute action, de ne
jamais rien écrire, de n'avoir aucun sentiment et
aucune opinion. Nous commençons à savoir – les
exemples sont innombrables – que la seule leçon
de l'histoire depuis les temps les plus reculés
jusqu'à hier et aujourd'hui est que nos décisions
et nos rêves sont toujours contrariés par la suite
des événements. Socrate avait raison de prétendre
qu'il ne savait rien. Montaigne va plus loin encore.
Il refuse de dire qu'il ne sait rien. C'est déjà trop.
Sa formule est : « Que sais-je ? »

J'aime beaucoup les histoires juives qui nous
renvoient à une misère qui est notre grandeur. J'en

ai raconté de très belles sur le destin des hommes et sur leur vanité dans des livres successifs. Il y a une histoire mi-juive, mi-zen que je n'ai jamais rapportée parce que la pointe en est si émoussée qu'elle tombe toujours à plat et semble n'avoir aucun sens. D'où son charme et son éclat.

Un vieux rabbin qui a longtemps été en Chine l'ami d'un maître du tao est en train de mourir au sein de la fameuse communauté juive de Cochin, dans les Indes. Ses disciples se pressent autour du lit où il agonise. Le plus jeune et le plus aimé de ses élèves recueille quelques mots murmurés : « La vie est une flèche. » La formule court aussitôt parmi tous les juifs de Cochin plongés dans le chagrin. « La vie est une flèche » : quel sens faut-il donner à cet apophtegme en forme de testament ? Un rabbin se rend en hâte à Bombay, un autre à Jérusalem, un troisième à Londres où résident d'illustres et savants rabbins. Tous les trois reviennent dépités. Personne ne peut comprendre ce qu'a voulu dire le mourant. Que le temps passe comme une flèche ? C'est bien court et bien banal. La décision est vite prise : il faut consulter le plus grand de tous les rabbins vivants ; un successeur de Maïmonide et de Rabbi Baal Chem Tov ; l'ami de Gershom Sholem et d'Isaac Bashevis Singer, l'auteur de *La Couronne de plumes* et de tant de chefs-d'œuvre. Il vit à New York. Deux jeunes rabbins partent aussitôt pour les États-Unis. Ils reviennent bientôt. Le verdict est tombé, avec beaucoup de références et de considérants. Les textes sacrés sont formels : la vie n'est pas une flèche.

Le rabbin de Cochin n'a pas encore rendu l'âme. Son plus jeune et plus fidèle disciple se penche doucement sur le mourant et lui murmure, avec d'infinies précautions, la gorge serrée, les larmes aux yeux : « Rabbi, il semble que la vie ne soit pas une flèche... » Le vieux sage ouvre les yeux, un sourire l'illumine et, à l'instant de mourir, il déclare d'une voix forte : « Ah ! oui, peut-être... On peut aussi dire comme ça... la vie n'est pas une flèche... » Et son âme s'envole vers Dieu.

Je me suis amusé à la folie et j'ai souffert mort et passion aux côtés du charmant lieutenant Patrick O'Shaughnessy. Les Alliés avaient débarqué en Normandie. Nous étions au cœur de l'histoire. Entre Marie et Pama, je libérais la patrie. L'ivresse s'emparait de nous. Plessis-lez-Vaudreuil et la ferme des Quatre-Vents étaient devenus de hauts lieux de la Résistance nationale. Les volontaires affluaient. Marie distribuait des brassards frappés du sigle FFI. Georges Bidault avait adressé un message à Pama, alias Paul Vinteuil. Le pharmacien et l'instituteur communistes de Montréal, le gros bourg d'à côté, avaient établi aux Quatre-Vents le quartier général de la Résistance locale. Dans les greniers de Plessis-lez-Vaudreuil, sous l'œil placide de Pama toujours silencieux, je voyais Marie se pencher de très près sur l'épaule de Patrick en train d'envoyer un message à Londres ou d'en recevoir des instructions. Le soir, à table, sous les tableaux des ancêtres courtisans, maréchaux et chasseurs, des grand-mères vertueuses et perdues d'aventures, dans la tiédeur familiale après l'excitation du jour, j'entendais mon grand-père murmurer à mi-voix à Marie chavirée de bonheur :

— Ce jeune O'Shaughnessy est tout à fait convenable. J'ai bien connu sa tante. Il aura fallu la guerre pour que tu m'amènes enfin à la maison un garçon comme il faut.

Chapitre XVI

Où la foudre tombe sur l'auteur, sur son grand-père et sur la lignée antique des Plessis-Vaudreuil.

Ceux qui me connaissent, ceux qui rencontraient mon grand-père sur les champs de courses de Chantilly ou de Longchamp et au Jockey Club, ceux qui venaient chasser à Plessis-lez-Vaudreuil savent la fin de l'histoire. Je me demande si les autres l'ont déjà devinée. Paris était libéré. Pama Karpo et nos deux Anglais avaient quitté Plessis-lez-Vaudreuil pour faire la guerre à plein temps. Je respirais. Marie m'était rendue. Elle avait changé, bien sûr. Elle ne m'appartenait plus. Mais je ne désespérais pas de la faire revenir un jour ou l'autre à de meilleurs sentiments.

Jusqu'au soir où, après le dîner, dans le salon un peu solennel de Plessis-lez-Vaudreuil, toujours entre une croûte sans nom où figurait un Charles X déjà vieilli et un joli tableau de Mme Vigée-Lebrun qui représentait, sous une ombrelle et un chapeau à fleurs, une jeune fille d'une quinzaine d'années qui était la grand-mère, morte à quatre-vingt-treize ans, d'une de mes arrière-grand-mères, la voix de Marie s'éleva, très calme :

— Je crois que je vais me marier.

Mon cœur s'arrêtait. Je voyais ma tante Françoise, en train de travailler sur une broderie, lever soudain la tête. Comme dans un rêve qui aurait été un cauchemar, je l'entendais murmurer :

— Mais, ma chérie, tu viens d'avoir dix-sept ans…

Mon grand-père jaillissait de son fauteuil, très gai et affectueux :

— Ta grand-mère s'est mariée à seize ans.

— J'épouse Pama Karpo, dit Marie.

La foudre serait tombée sur Plessis-lez-Vaudreuil que le silence et l'effroi n'auraient pas été plus violents. Mon grand-père se laissait retomber dans son fauteuil et gémissait :

— Karpo ? le fermier ?

Ma tante Françoise se levait du sien comme une furie :

— Mais tu es folle ! C'est ton frère !

— Mon frère ? disait Marie. Nous n'avons pas une goutte de sang en commun. Beaucoup moins qu'avec tous les Guermantes et tous les Bréauté à qui vous vouliez me donner.

— C'est qui, ça ? demandait mon grand-père.

— Presque rien, répondait Marie. Des amis de maman.

— Mon Dieu ! disait ma tante, mon Dieu ! Rien ne m'aura été épargné.

— Pama Karpo, le fermier ? répétait mon grand-père.

— Oui, disait Marie, il est assez merveilleux.

Sa mère lui flanquait une gifle. Je regardais Marie. Elle était magnifique. Elle venait de briser ma vie.

Chapitre XVII

Où est célébré dans la chapelle de Plessis-lez-Vaudreuil un mariage d'une remarquable simplicité qui brise le cœur de l'auteur et où un silence assourdissant entoure l'entrée dans la famille d'un communiste venu d'ailleurs.

Célébré avec une sobriété exemplaire par le doyen Mouchoux, moins ivre que d'ordinaire, dans la chapelle de Plessis-lez-Vaudreuil où s'étaient succédé pas mal de Bourbons, de Bourbons-Sicile ou de Bourbons-Parme, de Romanov en exil, de Wittelsbach fêlés, des ducs et pairs à foison et quelques courtisanes couvertes de bijoux par leurs amants royaux ou pétroliers, le mariage de Marie et de Pama fut pour moi un crève-cœur. C'était bien fait pour ma pomme. J'avais aimé Marie avec légèreté, avec une sorte d'indifférence amusée, avec une ombre de suffisance. L'annonce de son amour pour Pama et de son mariage me précipita dans l'enfer du chagrin et de la jalousie. Ces sentiments étaient mêlés aux événements de l'époque, à la Libération, à la fin de Pétain, cher à mon oncle Édouard, à l'arrivée du général de Gaulle. Ils étaient mêlés surtout à l'effondrement de l'image que mon grand-père se faisait de lui-même et des siens, de sa famille, du destin des Plessis-Vaudreuil. Au moins autant que la vente du château de Plessis-lez-Vaudreuil qui se profilait déjà à l'horizon, le mariage de Marie avec le fermier bouddhiste et communiste des Quatre-Vents fut un coup pour le vieil homme.

Ma tante Françoise avait rêvé pour sa fille d'un de ces grands mariages dont parlait encore *Le Figaro* de l'époque et dont les photos paraissaient dans *Match* ou dans *Vogue*. Elle était désolée et un peu vexée. Elle se voyait l'artisan de sa propre déception. Mais elle aimait Pama. À la différence de son mari, elle se consola assez vite de la passion de sa fille qui réconciliait deux versants de sa vie. Pour mon grand-père, c'était une affaire de rupture de la continuité historique, et presque de métaphysique. Le vent venu des frontières de la Chine et des Indes renversait le château de cartes édifié avec tant de minutie et de patience à travers huit ou neuf siècles. Son monde s'écroulait.

Je ne sais pas ce qui tourmentait le plus cet homme qui vivait dans le passé et dans l'histoire d'une famille qui avait connu des heures de gloire : que Pama fût son fermier, qu'il ne fût pas baron ou quelque chose comme ça, ou qu'il fût bouddhiste et communiste. Mon père, dont j'ai beaucoup parlé dans plusieurs de mes livres, était attaché à la notion, plus abstraite et plus intellectuelle, de *milieu*, restée toujours un peu obscure à mes yeux. Ce qui comptait surtout pour mon grand-père, c'était les fameuses *alliances*, c'est-à-dire les liens de caste qui ne cessaient de se créer par des mariages qui se succédaient à travers le temps et qui maintenaient la cohérence de la famille et du nom. À cet égard, l'arrivée en trombe de Pama Karpo ne pouvait pas tomber plus mal.

— Nous avons déjà eu des Américaines, disait mon grand-père avec mauvaise humeur. Nous avons même eu des juives. Les unes et les autres ont fini par s'intégrer dans la communauté familiale. Mais, jusqu'à présent, les bouddhistes et les communistes nous avaient été épargnés.

L'intégration dont parlait mon grand-père avait été grandement facilitée par un phénomène qui n'est pas encore apparu – ou à peine – dans ces pages de souvenirs et qui jouait dans notre famille, comme, je crois, dans toutes les autres, un rôle considérable – mais caché : c'était l'argent.

Autant que je me souvienne, personne à Plessis-lez-Vaudreuil ne parlait jamais d'argent. Le sexe, le divorce, les juifs, les musulmans, le marxisme, le bouddhisme bien entendu, qui occupent si largement le terrain des conversations d'aujourd'hui, étaient des sujets que nul n'aurait jamais osé aborder à la table de mon grand-père. Peut-être parce que nous en avions, l'argent aussi était ignoré. Il coulait de source. Les banques et les affaires lui étaient assez étrangères. Il venait de la forêt et de ses arbres, des étangs, des fermes, des prairies couvertes de foin, de vaches, de veaux, de moutons, de brebis. Il venait aussi des Américaines et des juives qui étaient d'abord riches avant d'être juives ou américaines. Il était inutile et déplacé d'en parler. Son absence radicale chez Pama ne suffisait pas à ébranler les règles de retenue de la tribu. Mais il entraîna, au cœur même de ce silence, le silence le plus retentissant que j'aie jamais entendu.

Plus que l'argent ou son absence, c'était surtout l'origine de Pama, sa naissance au cœur des neiges de l'Himalaya, son entrée subreptice dans notre communauté, ses convictions politiques, si éloignées de notre conservatisme catholique traditionnel, qui ravageaient mon grand-père.

— Oui, grommelait-il, avec une obsession rendue plus forte encore par l'âge, j'aurai tout connu. Des Américaines à l'accent impossible, mais qui permettaient à des armées de jardiniers d'entretenir le verger, le potager, les jardins et le parc. Des juives cultivées qui venaient on ne sait d'où, mais qui maintenaient avec éclat la

86

grandeur de notre nom en réparant nos toitures. Voilà encore un étranger qui, non content d'être un Jaune, est aussi un rouge, un révolutionnaire, un sans-Dieu, quelqu'un qui n'a sûrement ni foi ni loi. Il ne manque plus qu'une négresse.

Chapitre XVIII

Où une Somalienne plus Plessis-Vaudreuil que tous les Plessis-Vaudreuil finit par l'emporter sur une défunte petite blonde et tient la main de mon grand-père sur le point d'expirer.

La négresse arriva. Un de mes lointains neveux, un arrière-petit-fils de Sosthène, épousa une Somalienne d'une beauté foudroyante. Fille d'un chef de tribu rebelle qui avait eu des ennuis dans son pays, elle était devenue à dix-neuf ans un des mannequins vedettes de la célèbre cabine de Chanel. Mon neveu l'avait rencontrée à Longchamp et s'était aussitôt toqué d'elle. Avec un peu d'imprudence, il l'amena à Plessis-lez-Vaudreuil pour une intronisation officielle. Mon grand-père accueillit assez mal l'Africaine nouvelle venue. Il la rudoya. Il la maltraita. Mais les avanies glissaient sur ses allures de princesse comme l'eau boueuse de la mare sur les plumes d'un canard. Peut-être ce grand vieillard qui en imposait encore lui rappelait-il les vieux chefs coutumiers en train de disparaître dans sa tribu natale ? Elle avait décidé en tout cas d'avoir un faible pour son bourreau et elle ne cessa jamais de lui témoigner une respectueuse affection. Tant de patience mêlée à tant de beauté finit par apprivoiser le monstre réactionnaire qui avait pour principe de ne jamais faire les choses à moitié. La Somalienne l'emporta. Mon grand-père l'adora.

Il la préféra de loin à toutes les autres femmes de la famille. Il lui prodigua des preuves de partialité qui auraient pu paraître révoltantes si elles n'avaient pas été si touchantes. Le portrait, dont j'ai déjà parlé, de ma jeune arrière-grand-mère par Mme Vigée-Lebrun représentait une jolie chose minuscule et très blonde, couverte de colifichets sur une escarpolette encadrée de fleurs et de vigne. Tamara était très brune, très grande, d'une beauté sculpturale, sans le moindre bijou.

— Vous ne trouvez pas qu'elles se ressemblent ? demandait mon grand-père avec un mélange d'orgueil de caste, de goût nouveau pour l'absurde et de provocation, en portant les yeux alternativement sur la blonde et sur la brune.

— Tu crois qu'il est gâteux, me soufflait un autre de mes neveux que son insolence allait faire entrer avec succès à *L'Express* ou au *Point*. Ou il est amoureux d'elle ?

— Ce sont de vraies Plessis-Vaudreuil, commentait mon grand-père. Elles donnent toutes les deux l'impression de s'en fiche.

Les choses durèrent entre mon grand-père et la belle dame noire. Il mourut dans ses bras. Elle lui tenait la main. Il était vieux : il versa quelques larmes. Il lui demanda pardon d'avoir trop longtemps douté d'elle et d'avoir eu à son égard des paroles qui pouvaient passer pour blessantes et qu'il regrettait amèrement. Elle pleurait à gros bouillons, en détournant la tête, et, mettant sa main sur le front de mon grand-père, elle lui disait d'une voix douce qu'elle l'avait toujours respecté et admiré. Il balbutia :

— Merci. Vous êtes belle. Je vous aime.

Et il mourut.

Chapitre XIX

*Où l'auteur fait un détour, où il rapporte, pour
changer, un trait de génie de Chateaubriand et où
il constate que l'argent, après avoir régné sur les
sociétés d'hier, règne encore avec arrogance sur
nos sociétés d'aujourd'hui.*

Il y a un mot que j'ai prononcé à propos de
Pama et qui occupe à notre époque une place
considérable et violemment contestée : l'argent.
À côté de la pensée, de la parole, du temps, de
la lumière, l'argent est très peu de chose. Presque
rien, en vérité. C'est une invention très récente.
Une manie de comptable. Une sorte de déman-
geaison. La plus rouillée de toutes nos chaînes.
La plus répugnante des illusions. Et, d'une certaine façon, l'instrument et le but de toutes nos
existences. Autant de celles qui en ont et qui ne
veulent pas le perdre que de celles qui n'en ont
pas et qui veulent en avoir.

D'excellentes histoires de l'argent sont à notre

disposition. Elles nous apprennent que l'argent facilite et encourage les échanges entre les hommes et qu'il a succédé assez tard, sous les traits d'un intermédiaire neutre, au troc des temps primitifs. L'humanité a vécu beaucoup plus longtemps sans l'argent qu'avec lui. L'argent tombe sur le monde, comme la vérole sur le pauvre peuple, bien après la pensée, bien après l'émotion, le cri, le rire, la parole, et après l'écriture. Maintenant qu'il est là, et bien là, il est difficile de s'en passer. Sa suppression entraînerait des souffrances plus grandes que ses excès. Qu'on le veuille ou non, il est devenu une espèce de malédiction âprement recherchée. Poussons un peu le bouchon : il est la forme prise par le mal pour se faire adorer. L'argent, écrit Cioran, a ruiné le monde. Pendant des milliards d'années, il n'y a pas de mal dans l'univers. Le mal naît avec la pensée. Il prospère avec l'argent.

À Plessis-lez-Vaudreuil ou ailleurs, assez loin des obsessions dynastiques de mon grand-père, j'ai été élevé par mon père et ma mère dans le respect du travail et le mépris de l'argent. Ils m'ont appris à travailler, non pour gagner de l'argent, mais pour être libre et heureux et pour faire mon devoir. J'ai raconté ailleurs que le dieu de mon père, profondément républicain, profondément démocrate, influencé au loin par ce jansénisme que tant de liens unissent à la naissance de la gauche, était le devoir. Je n'ai jamais tourné le dos à ce culte du devoir. Mais je lui ai adjoint le plaisir. J'ai respecté le devoir. J'ai aimé le plaisir.

Le plaisir exige des moyens. Dostoïevski voyait dans l'argent la liberté monnayée. Je voulais être libre. Quand j'étais jeune, j'avais un faible, je ne m'en vante pas, pour les chemises, pour les chaussures, pour les voitures au long capot. J'allais les chercher où elles étaient, et notamment en Italie, où il y avait aussi des tableaux, des statues, des places merveilleuses avec des palais, des églises, des escaliers qui me rendaient fou. J'ai aimé la beauté et j'ai aimé m'amuser. Je n'ai pas rejoint le chœur des moralistes qui recherchent ce qu'ils dénoncent et qui condamnent ce qu'ils poursuivent. L'argent est un mal, bien sûr – mais un mal nécessaire, et souvent agréable. Je n'ai pas détesté m'en servir, mais j'ai toujours refusé de le servir. Je m'en suis tenu à un principe d'une revigorante simplicité : l'argent est un serviteur dont l'idée fixe est de devenir le maître – et il faut l'en empêcher.

L'argent règne avec arrogance sur nos sociétés d'aujourd'hui. Peut-être a-t-il régné depuis ses origines ? Les pharaons épousaient leurs sœurs pour éviter l'éparpillement des richesses. Athènes, Rome, Bagdad, les Médicis, tous les autres étaient puissants parce qu'ils étaient riches. À moins qu'ils ne fussent riches parce qu'ils étaient puissants. Le pouvoir, depuis la nuit des temps, se confond avec l'argent. Les Pyramides, l'Acropole, les temples grecs et romains, les Sept Merveilles du monde, la muraille de Chine, les églises de Florence, les palais de Venise, la basilique Saint-Pierre et la chapelle Sixtine à Rome, l'Alhambra de Grenade, Versailles, le Taj Mahal, tout ce qui nous paraît si beau à l'âge classique et au XVIIIe, tous les trésors du monde ont coûté très cher. En hommes, d'abord. Et en argent. Les fortunes étaient cachées, hors d'atteinte et de contrôle, protégées par des systèmes qui relevaient du sacré. Ce qui se passe aujourd'hui, c'est que la transparence est devenue la règle. L'information circule. Chateaubriand a vu mieux que personne que les progrès de l'instruction étaient en train de détruire l'inégalité des fortunes. Jamais le contraste entre l'aspiration à l'égalité et l'étalement des richesses n'a été si violent.

Comme d'habitude, l'argent règne sur la politique, sur la presse et sur les médias, sur le sport, sur la technique, sur l'art, sur les esprits. Et plus que jamais, son règne est contesté. Mon père aurait vu dans le pouvoir affiché de l'argent une baisse du civisme et de la moralité républicaine. Mon grand-père aurait détesté également la vulgarité de la nouvelle oligarchie et les bassesses de la contestation. Il s'en serait tiré par une pirouette et avec son expression favorite : « Les carottes sont cuites », et il aurait haussé les épaules.

Chapitre XX

Où apparaissent, dans l'ombre du général de Gaulle, un ambassadeur de France, un amiral carme déchaux, un maréchal à titre posthume, et où un compagnon de route s'occupe de camions et de journaux.

Sous le nom de Paul Karpo-Vinteuil, Pama fit fortune dans les années qui suivirent la fin de la guerre. Les initiales PKV furent les premières à devenir célèbres dans la presse et à la radio. C'est lui, je crois, qui eut l'idée de donner aux années 1945-1975 – de la victoire au premier choc pétrolier – un nom appelé à un joli succès et qui devait être repris par les historiens et les sociologues : « les Trente Glorieuses ».

Le général de Gaulle avait un faible pour Pama qui lui avait été présenté par Georges Bidault dès la libération de Paris. Il aimait bien celui en qui il voyait, à l'époque, le seul bouddhiste à être communiste et le seul communiste à être vraiment gaulliste. Mais il n'était pas dupe de ses manigances et de ses acrobaties.

Je ne sais plus à quelle occasion – un dîner pour un chef d'État peut-être ou la fameuse réception où, apercevant Brigitte Bardot dans une espèce de tunique à brandebourgs, le Général s'écria : « Chic ! Un militaire ! » – il m'arriva, un jour, vers la fin des années cinquante ou le début des années soixante, d'accompagner à l'Élysée Pama et Marie qui ne se quittaient jamais. Le succès grise très vite. Pama Karpo n'avait pas tardé à prendre beaucoup d'assurance. Il s'était lié avec Gaston Palewski, alors ambassadeur – ou peut-être ancien ambassadeur – de France en Italie, qui était un ami de mon grand-père, de ma tante Françoise et des six sœurs Mitford. À Rome, où il voyait tout ce qu'il y avait de plus élégant dans la société italienne et où il avait la réputation d'emmener volontiers de jeunes femmes en week-end à Venise, il avait été surnommé « l'embrassadeur ». Pama et lui s'étaient installés autour d'une actrice très célèbre en ces temps-là – Micheline Presle, peut-être ? Ou peut-être Michèle Morgan, je ne sais plus – dans un divan un peu trop profond où ils discutaient entre eux avec une ombre de relâchement qui faisait comme une tache dans l'Élysée assez raide de cette époque.

Tout à coup, avec inquiétude, j'aperçois l'ombre gigantesque du Général, que j'essayais de suivre de loin en compagnie de Marie, se planter devant eux. Embarras des deux hommes qui n'ont pas le temps de se lever et qui restent assis plutôt penauds de part et d'autre de la comédienne tandis que de Gaulle leur lance de sa voix inimitable :

— Alors, Palewski, toujours en gondole ? Et vous, Vinteuil, comment se porte votre coupable industrie ?

La coupable industrie de Pama avait pris son envol avec la presse de la Résistance et avec des camions. Entouré d'un petit groupe de communistes auxquels se mêlaient quelques catholiques – René Andrieu, qui aimait Stendhal, qui n'avait pas froid aux yeux et qui écrivait dans *L'Humanité* ; Roger Vailland, l'auteur de *Drôle de jeu*, des *Mauvais Coups*, plus tard de *La Loi*, qui allait décrocher le Goncourt ; le délicieux Roland Leroy, directeur de *L'Humanité*, Pierre Hervé, qui ferraillait volontiers dans *Action* contre François Mauriac ; ou encore le père Bruckberger –, Pama avait pris le contrôle d'un important groupe de presse dont il avait chassé, sans autre forme de procès, les dirigeants accusés de collaboration avec l'ennemi. A peu près à la même époque, il avait monté une société de camionnage. Les camions avaient d'abord servi à distribuer des journaux. L'affaire avait pris une tout autre importance avec la guerre d'Indochine où les camions de Pama avaient été utilisés au transport de troupes et de matériel. L'amiral Thierry d'Argenlieu, carme déchaux, haut-commissaire et commandant en chef des forces françaises en Indochine, qui devait reprendre plus tard, sous le nom de père Louis de la Trinité, l'habit de moine au carmel du Relecq-Kerhuon, puis le général, futur maréchal, de Lattre de Tassigny avaient, l'un et l'autre, remarqué le jeune Paul Karpo-Vinteuil et avaient beaucoup contribué à lui faciliter les choses dans le monde des affaires.

Le désastre de Diên Biên Phu, en 1954, avait mis fin aux activités de Pama dans l'Indochine française. Mais le groupe était déjà assez solide pour que la perte de plusieurs dizaines de camions pût être supportée. Il en restait pas mal de dizaines d'autres. Le problème pour Pama était de trouver de nouveaux débouchés et de nouveaux utilisateurs. Pour le meilleur ou pour le pire, il les trouva.

Chapitre XXI

Où il est question de flou quantique, de trafic d'héroïne, de quelques maîtres du barreau et d'une vaste et mystérieuse organisation criminelle.

Il faut bien vivre et avancer sans nous poser trop de questions. Nous simplifions les autres et les sentiments que nous leur portons, et nous nous simplifions nous-mêmes. Il nous arrive d'être étonnés par ce qu'ils font et par ce que nous faisons nous-mêmes. Alors, nous nous écrions : « Je ne l'aurais jamais cru capable de ça » ou : « Je ne sais pas ce qui m'a pris ». Il y a une incertitude des êtres vivants comme il y a une incertitude quantique de l'infiniment petit. Il y a du flou. Je ne me piquerai jamais de connaître et de comprendre ni les autres ni moi-même. Parce que Marie l'aimait, j'ai détesté Pama. Et parce qu'elle l'aimait, je l'ai aimé aussi.

Les camions de PKV ont fait couler beaucoup d'encre. Comme dans l'affaire des piastres, comme dans l'affaire des frégates de Taiwan, comme dans les affaires Dominici, Seznec, Boulin ou Omar Haddad, comme autour du trou noir de quelques années dans la vie de Me Jacques Vergès, un épais brouillard couvre les rumeurs et les faits. Pama Karpo fut plusieurs fois inculpé. Il n'échappa pas à deux procès où il fut, chaque fois, défendu avec talent par ce même Me Vergès qui semblait prendre un malin plaisir à douter d'une innocence dont il se portait garant et qui le fit acquitter. Pama ne manquait pas d'appuis dans les sphères les plus hautes. Edgar Faure et Roland Dumas, encore dans la fleur de l'âge, le protégeaient avec succès. Lui, le sourire aux lèvres, semblait indifférent aux tumultes qui l'entouraient. Et très sûr de lui. Les soupçons l'amusaient. Il aimait être attaqué. Un soir, à la fin d'un journal télévisé où il avait été invité et où il avait fait preuve de combativité et de drôlerie, à Pierre Sabbagh déjà âgé ou à Elkabbach encore tout jeune, je ne me rappelle plus, qui lui demandait s'il puisait sa force et sa gaieté dans le dieu du bouddhisme, il répondit :

— Il n'y a pas de dieu dans le bouddhisme. Je ne compte que sur moi-même. C'est plus sûr.

Les rumeurs ne cessaient de courir avec obstination. Elles me parvenaient avec une régularité inquiétante. Elles assuraient que les fameux camions de Pama servaient à des transports d'opium et d'héroïne. Je savais, il ne s'en cachait pas, qu'il avait des antennes à Naples, à Tripoli, à Alep, à Moscou, à Tachkent, à Islamabad, à Carthagène et à Chieng

Mai où il se rendait souvent. Un de ses camions, chargé de cannabis et d'ecstasy, avait été arrêté et contrôlé à la frontière italienne. Il avait soutenu que le véhicule lui avait été dérobé et qu'il ignorait tout de sa cargaison. Quelques jours plus tard, le corps du chauffeur était retrouvé dans un ravin. L'enquête conclut à un accident de la circulation. Plus Pama niait, plus les bruits se faisaient insistants. Vers la fin des années soixante ou le début des années soixante-dix, des amis israéliens, qui avaient, je crois, des liens avec le Mossad, prétendaient que Pama était, sinon à la tête, du moins très proche d'une vaste organisation criminelle dont les centres étaient à Naples, à Minsk, à Kandahar et à Caracas, et qui contrôlait le trafic de la drogue dans une bonne partie de la planète.

Ce qu'il y avait de vrai dans ces ragots, je l'ignore. Ce que je sais, c'est que Pama vivait sur un grand pied entre Paris et Monaco. Ce que je sais aussi, c'est qu'il était très intelligent, très actif et qu'au fil des ans il était devenu plutôt cynique. Je me rappelais le Pama qui lisait des sutras dans la ferme des Quatre-Vents et dont la pauvreté inquiétait si fort mon grand-père. Il ne restait chez PKV pas la moindre trace de bouddhisme ni de communisme. L'argent les avait remplacés. Un autre homme était né. Puissant, implacable, plutôt du côté de l'arrogance que de la compassion, il avait effacé son enfance à Ura.

Chapitre XXII

Où l'auteur soutient avec culot que la pensée de l'homme crée le monde une seconde fois et où, avec plus de suffisance encore, il donne quelques indications sur ce qu'il a essayé de faire.

Non seulement le monde est immense, mais ce qu'on peut en dire est sans fin. De tout ce qui se passe sur cette planète, de mon grand-père, bien sûr, et de Pama Karpo, mais aussi des fourmis, des abeilles, des phoques, des dromadaires, du mouvement des nuages et des astres, des opinions des uns ou des autres, de la politique, de la littérature, de l'amour, de tout et de rien, du passé et de l'avenir, de la nature et de la vie, chacun de nous peut parler sans jamais s'arrêter. Il s'est produit dans notre histoire passée quelque chose d'aussi décisif que notre big bang primordial : c'est la naissance de l'homme, de sa pensée, de sa parole. On en vient à se demander ce que pouvaient bien être l'univers, l'espace, le temps, la lumière sans personne pour regarder, pour écouter, pour parler, pour changer les choses en mots, en chiffres, en commentaire, en représentation infinie. La pensée de l'homme crée le monde une seconde fois. Tout se passe comme si Dieu, après avoir créé l'invraisemblable univers, avait fait surgir les hommes pour le comprendre, pour lui donner un sens et pour le transformer.

Qu'ai-je tenté de faire dans ces pages qui progressent comme elles peuvent, tant bien que mal, cahin-caha ? J'ai tenté de donner une idée de ce monde où j'ai vécu, de ses rêves, de ses croyances et de ses manières d'être. Toute ma vie, je n'ai rien entrepris d'autre que de laisser un témoignage, évidemment insuffisant, sur notre histoire entre Karl Marx et la fin du communisme, entre Darwin et Jean-Paul II, entre les débuts de l'électricité et le réveil du monde arabe.

Ai-je rempli mon contrat ? Je ne sais pas. J'ai évité, autant que j'ai pu, les tirades sur le sens de l'histoire et sur le cortège des valeurs en train de faire les malignes, de se pousser du col et d'émettre des glapissements. Je me garde bien de donner des leçons de morale. J'ai trop profité des privilèges aujourd'hui en question pour oser me plaindre de quoi que ce soit. Je remercie le ciel. Je prends notre temps comme il est. Il est difficile d'y voir une haute époque, une période d'ambitions nobles et de grandes espérances. Nous ne coulons pas nos jours dans un printemps de l'histoire.

Nous sommes plutôt au début du Vᵉ siècle après notre ère qu'au Vᵉ siècle avant ou qu'au cours du XVIᵉ, aux temps glorieux de la Renaissance. Je ne crois pas non plus que nous soyons au cœur de l'hiver. En Europe au moins, et en France, nous sommes à la fin de l'été. L'hiver nous fait peur. En matière de langue, de culture, de commerce, de puissance, nous menons des batailles d'arrière-garde. On a le droit de se consoler, de se dire avec mélancolie qu'il y a de belles journées dans les temps de déclin. Nous pouvons encore espérer de jolis livres, des passions, de grandes amours, et même des coups de génie. Je m'efforce, comme je peux, de tenir en équilibre entre fidélité et ironie.

Chapitre XXIII

*Où il est question de choses un peu compliquées
comme l'ubris et l'entropie.*

Disons-le tout de suite : Pama Karpo et mon
grand-père ne pèsent pas lourd dans l'histoire de
leur époque. Ils contribuent pourtant, avec beaucoup d'autres, à faire apparaître l'image cachée
dans le tapis et le lapin dissimulé dans le feuillage
que colorient les enfants.

Le fond de l'affaire est assez simple : chez
nous au moins, en Occident, une civilisation
longtemps glorieuse et qui a régné sur le monde
est en train de passer la main. Sous des formes
diverses et souvent opposées, la vieille société tri-
bale, patriarcale, guerrière, dominatrice – où il est
arrivé à des femmes d'exercer le pouvoir –, sûre
de son destin, bourrée de traditions, de règles, de
rites, d'interdits, appuyée sur des convictions qui
se transmettaient d'âge en âge, fondée sur l'idée
de vérité ou de ce qu'elle considérait comme la

vérité, où les choses changeaient sans doute mais avec lenteur et aspiraient à durer, vit ses dernières splendeurs. Elle s'est confondue avec l'histoire universelle. Elle a survécu à la fin de l'Égypte trois fois millénaire et de notre Grèce natale, à la chute de l'Empire romain, héritier de l'hellénisme, aux grandes invasions, aux guerres de Religion, aux révolutions politiques. Elle vacille sous les coups d'une science et d'une technique qui rebattent toutes les cartes.

Par un formidable paradoxe, au moment où l'homme renonce à se considérer comme un enfant de Dieu pour descendre des primates, des vertébrés, des algues, des bactéries, l'orgueil s'empare de lui. Et une sorte de vertige. Il en sait de plus en plus – et il ne sait plus où il en est. La tête lui tourne. La fameuse *ubris* des Grecs le menace. Il est de plus en plus puissant et de plus en plus égaré. Conséquence ou hasard, en perdant Dieu, il perd sa place dans le monde. Il règne comme jamais sur l'univers qu'il a conquis, au moins par la pensée. Tout se brise et se brouille en lui et autour de lui. On n'en finit pas de le soigner et d'essayer de le guérir. Et on n'en finit pas de soigner le monde et d'essayer de le guérir.

L'histoire devient une espèce de kaléidoscope en délire où ne cessent de se succéder, et de plus en plus vite, des images éblouissantes et dépourvues de sens. Les frontières éclatent. Les distinctions s'effacent. Chacun est lié aux autres par les ondes et la Toile. La campagne disparaît peu à peu. Les villes s'étendent et se rejoignent. Surgelées et contagieuses, les modes et les passions se transmettent à la vitesse de la lumière. Les supermarchés, les désirs, les idées se ressemblent. Les langues déclinent et meurent. L'orthographe se délite. Un sabir se répand. Les sexes se confondent. Les couleurs s'affadissent et perdent de leur éclat. Pour le meilleur et pour le pire, l'universel et l'unité sont au bout du chemin. L'entropie se déchaîne. Les hommes commencent à deviner que leur destin est de disparaître dans l'avenir comme ils ont apparu dans le passé. Et ils se demandent ce qu'ils font là.

Chapitre XXIV

Où la famille se déglingue en même temps que le château, où une fleuriste portugaise joue du saxophone sur la plage, où un ami de Proust se fait tuer au Chemin des Dames et où souffle assez fort la tempête de la fin du IIe millénaire.

La famille n'existait plus. Depuis le mariage de Marie avec Pama Karpo, mon grand-père avait baissé les bras avant même de nous quitter. La généalogie, qui avait été, avec Dieu, une de ses raisons de vivre, avait cessé de l'intéresser. Tout au long de leur histoire, les Plessis-Vaudreuil avaient fait beaucoup d'enfants. La plupart mouraient. Et beaucoup de ceux qui ne mouraient pas – surtout les filles – entraient en religion. Les générations nouvelles en faisaient beaucoup moins – mais, grâce aux progrès de la science, ils vivaient presque tous. Alors, un peu désœuvrés, ils finissaient par se marier. Et ils divorçaient.

Ils divorçaient parce que la vie durait trop

longtemps. Pendant des siècles, des hommes de trente-cinq ans qui allaient mourir à cinquante de la peste, à la guerre, de la petite vérole, de vieillesse épousaient des filles de seize ans qui allaient mourir à trente de la phtisie ou en couches. Sur une durée de douze ou quinze ans, la fidélité, de part et d'autre, constituait un idéal et un luxe qu'il n'était pas exclu de s'offrir. La liberté des mœurs, la pilule, une vie de plus en plus longue avaient changé la donne. Il n'y avait plus de famille autour de mon grand-père. Il y avait toute une fragmentation de familles recomposées où sa pauvre tête se perdait. Par une compensation plutôt inattendue, il a vécu assez pour que les mariages des siens cessent de le tourmenter : pour ne pas être tentés à leur tour par la fatalité du divorce, les plus jeunes de ses arrière-petits-enfants et de ses arrière-petits-neveux ou arrière-petites-nièces ne se mariaient plus du tout.

Au moment où Plessis-lez-Vaudreuil et mon grand-père lui-même se réduisaient à un souvenir, ce qui restait de la famille s'en donnait à cœur joie et expérimentait avec une sorte d'allégresse toutes les combinaisons possibles. Les deux fils d'un de mes petits-neveux avaient échangé leurs femmes. Une arrière-petite-nièce m'écrivait du Portugal une lettre charmante destinée à m'indiquer combien Amalia aimait mes livres. « Amalia est la fleuriste de Cascais avec qui je vis. Elle a des yeux verts. Et beaucoup de jugement et de goût. Le dimanche, elle joue du saxophone sur la plage dans un orchestre du coin. Ton grand-père l'aurait aimée. » La lettre de ma nièce à la main, je m'interrogeais, l'air rêveur : est-ce que mon grand-père l'aurait aimée ? Autant, par exemple, que la belle Somalienne ?

Deux frères d'une autre branche vivaient en ménage à trois avec un pompier de Plessis-Robinson. Je les avais reconnus, déguisés en diables avec des fourches à la main et tout de rouge vêtus, sur une photo de la Gay Pride publiée par un hebdomadaire dans le vent. Je me souvenais de ce qui se racontait en famille, dans mon enfance, d'un oncle éloigné, l'oncle Victor, d'une grande élégance et de beaucoup de charme, que tout le monde adorait, et qui était un ami de Proust et de Robert de Montesquiou. Il avait trouvé une mort héroïque au Chemin des Dames. Le bruit courait à l'époque mais, vous le savez bien, on raconte n'importe quoi, qu'il s'agissait d'une forme de suicide plus ou moins imposé par la famille. Depuis la fin de Plessis-lez-Vaudreuil, ni la famille ni personne n'imposait plus grand-chose à qui que ce fût. Les façons d'être, les règles, les fameux principes si chers à mon grand-père avaient été emportés en même temps que le château, foudroyés et abattus comme les arbres du parc par la grande tempête de la fin du IIe millénaire.

Chapitre XXV

*Où, en dépit des prophéties d'un professeur
japonais et américain, l'histoire continue.*

Vous savez ce qu'il faisait, le monde, pendant
que la science triomphait, que l'espace se contrac-
tait, que nous vivions deux fois plus vieux et que
la statue de Dieu était déboulonnée ? Il tournait,
comme toujours. Un historien japonais et américain allait devenir célèbre pour avoir annoncé la
fin de l'histoire. Elle continuait. Peu de choses
l'arrêtent. Ni l'horreur, ni le chagrin, ni la guerre,
ni la paix, ni la souffrance des hommes, ni les
révolutions. Elle poursuivait son chemin. Peut-être
un peu plus vite. Les millions de morts de la plus
grande guerre de l'histoire s'enfonçaient dans le
passé, les cours de l'or et du pétrole flambaient,
la vie était toujours plus chère, l'eau devenait
déjà plus rare, les robots et le clonage piaffaient
derrière le rideau. Les hommes se trompent sur
leur avenir avec beaucoup de sûreté : la troisième

guerre, inévitable, avait été évitée. Les crises remplaçaient la guerre.

Un (faux) semblant de moralisme avait dominé le XIXᵉ siècle. Frappée de soupçon, la morale a reculé au XXᵉ devant l'économie. Enrichissement et misère. Progrès technique, manque de travail. Stagnation. Inflation. Stagflation. Sous le nom acclamé d'*émergents*, les pays pauvres commençaient, par un détour inquiétant et enchanteur, à faire envie aux pays riches. Année après année reculait l'influence de cette constellation appelée les « grandes puissances », épuisées par trop d'efforts et minées par le doute : l'Allemagne, la France, l'Angleterre, la Russie. Montaient les États-Unis dont les soi-disant bons esprits annonçaient le triomphe. Très vite montait la Chine, forgée au feu d'enfer allumé par Mao, *nouveau Ts'in Che-houang-ti*, aussi cruel, aussi puissant, et déclinaient déjà ces mêmes États-Unis. Le jeu de bascule battait son plein. Montaient l'Inde et le Brésil, baissait l'Argentine, naguère si pleine d'avenir, avant de ressusciter à son tour, ouvrait un œil le monde arabe, si longtemps endormi. Au loin perçaient déjà les racines des maux qui abattraient la Chine.

Toujours fort plaisante, charmante à table, vaniteuse, vaguement débauchée, peut-être un peu moins gaie et sûrement moins insouciante qu'autrefois, tentée de plus en plus souvent par la mauvaise humeur et par un goût bizarre pour cet ennui qu'elle avait tant détesté, la France n'était plus au sommet de sa forme. Mais elle se souvenait encore de sa gloire passée, de ses rois, de sa Révolution, de sa langue qui avait régné sur le monde, de ses écrivains, de ses peintres, de ses soldats, de ses séducteurs et de ses séductrices. Comme les courtisanes sur le retour ou les grands vieillards qui ont connu des succès dans leur jeunesse, ces souvenirs l'enchantaient et la faisaient souffrir.

À quoi avons-nous assisté chez nous depuis la fin du printemps 1940 et la ruine de nos illusions ? À l'épopée du gaullisme et à la chute de l'empire – qui se mêlent d'ailleurs l'une à l'autre. À presque rien d'autre. En dépit de tout notre cirque et de ses roulements de tambour, tout le reste sera oublié. Nos peurs, nos fureurs, nos emballements, nos scandales à répétition, nos combinaisons politiques : un peu d'écume sur l'océan du temps. Dans deux mille ans, les trois guerres franco-allemandes qui nous ont tant occupés n'en feront plus qu'une seule, ce qui nous agite et nous passionne sera incompréhensible et toute notre époque apparaîtra comme le théâtre du déclin des nations, comme une étape sur le chemin, au loin, de l'intégration de la planète et de son unité. Les nouveaux défis, tout le monde le sait, seront l'explosion du nombre des hommes et l'appauvrissement de nos ressources naturelles, pillées depuis des siècles.

Vers quoi allons-nous ? Ça crève les yeux. Fin

des races. Fin des nations. Fin des barrières et des différences. Ce que l'idéologie, le christianisme, le socialisme, le marxisme ont commencé à faire, la technologie l'achèvera. Dans le trouble, qui en doute ? Dans la douleur. Dans les allers et retours. D'ici deux ou trois cents ans se mettra en place, avec de larges autonomies régionales, un gouvernement mondial dont les signes annonciateurs se font déjà sentir. Il n'est pas impossible que ce qui s'est passé en Égypte, en Perse, en Grèce, à Rome, en Chine, à Florence ou à Venise se reproduise à l'échelle planétaire : un pouvoir central tenté par un autoritarisme, cette fois technologique. Avant d'autres aventures que personne ne peut prédire ni même imaginer. Tout ce qu'il est permis d'affirmer, c'est qu'elles oscilleront, comme toujours, entre miracles et effroi.

Chapitre XXVI

Où l'auteur célèbre Bartleby qui préférait ne rien faire.

Tout était remis en question. Le nationalisme, le communisme, le capitalisme, la religion, la révolution, la presse écrite, le livre et le roman, et beaucoup d'autres trucs de ce genre qui avaient connu de beaux jours s'interrogeaient sur leur avenir.

J'aurais voulu faire de grandes choses. Conquérir des terres nouvelles, sauver le pays, être un saint, écrire un livre inoubliable qui serait encore lu dans cent ans par de jeunes gens exaltés, inscrire mon nom quelque part. J'avais le complexe de César qui se désolait à trente ans de n'être pas Alexandre. Je n'étais pas Alexandre. Ni même César. Ni Homère, ni saint Augustin, ni saint François d'Assise, ni Pouchkine, ni Mérimée. Pas même Feydeau ou Oscar Wilde. Je n'étais pas bon à grand-chose. Ce que je préférais, c'était ne rien faire.

J'aimais beaucoup ne rien faire. Dans cette occupation suprême j'étais presque excellent. Je ne m'ennuyais jamais. Je rêvais. Non pas tant par paresse que par manque d'intérêt. Travailler ne m'intéressait pas. J'étais *désintéressé*. Le monde me plaisait, bien sûr – il m'a toujours plu –, mais son mode d'emploi me manquait. Vivre me faisait horreur. Gagner ma vie me faisait honte. Tous les métiers m'ennuyaient. Surtout depuis que Marie était sortie de ma vie, j'essayais le plus possible de me tenir à l'écart. La banque, les chiffres, le notariat, la diplomatie, l'intendance, les cabinets de ministres, le commerce de gros et de détail, l'industrie, les affaires en général, et publiques et privées, ne me disaient rien de bon. Je m'efforçais de les négliger. J'étais tombé par hasard sur une longue nouvelle d'Herman Melville, l'auteur de *Moby Dick*, qui met en scène un personnage enchanteur du nom de Bartleby. À qui lui demande s'il peut faire telle ou telle chose, prendre telle ou telle initiative, s'attaquer à tel ou tel projet, Bartleby répond avec obstination qu'il « préfère ne pas ». Bartelby était devenu mon héros. Ce que je préférais, c'était m'abstenir. Je ne faisais rien. Je lisais.

Chapitre XXVII

Où le lecteur passe quelques instants avec trois
chefs-d'œuvre pour toujours.

J'ai beaucoup aimé les livres. Surtout les bons.
Je me demande si les meilleurs n'étaient pas les
plus anciens, les plus neufs, les plus naïfs, ceux
du début, ceux qui ouvrent la série. Ils me faisaient tout oublier.

La Bible, d'abord, qui raconte les aventures
de Dieu, l'origine des hommes et la marche du
monde avec la Genèse, l'Ecclésiaste, l'Évangile
de saint Jean et qui nous mène, à travers les âges,
jusqu'à ceux qui la lisaient sans cesse et qui s'en
inspiraient pour écrire ou pour peindre d'autres
chefs-d'œuvre en abîme : saint Augustin, saint
Thomas, Dante, sainte Thérèse d'Avila, saint Jean
de la Croix, le Tintoret, Milton, les jésuites et les
jansénistes, Pascal, Bossuet, Jean-Sébastien Bach,
Chateaubriand, Péguy ou Claudel.

L'*Iliade* et l'*Odyssée* ensuite, indéfiniment

prises et reprises, étudiées, annotées, apprises par cœur, citées sans cesse et d'où sortent Platon et les tragiques grecs, Aristote, Alexandre le Grand et ses conquêtes dignes d'Achille, l'Empire romain tout entier, Virgile et l'*Énéide*, Ronsard :

*Je veux lire en trois jours l'*Iliade *d'Homère*
Et pour ce, Corydon, ferme bien l'huis sur moi...

Presque tout Racine, qui fait revivre Andromaque, Hector, la chute de Troie, Iphigénie :

Jamais Iphigénie en Aulide immolée
Ne coûta tant de pleurs à la Grèce assemblée
Que dans l'heureux spectacle à nos yeux étalé
En a fait, sous son nom, couler la Champmeslé.

Chateaubriand encore, Lautréamont, encore Péguy :

Rien n'est plus vieux que le journal de ce matin
et Homère est toujours jeune.

Jean Giraudoux, injustement oublié, et surtout James Joyce, avec Stephen Dedalus dans le rôle de Télémaque et son Leopold Bloom en imitateur juif d'Ulysse.

Enfin, un millénaire et demi plus tard, ce chef-d'œuvre de l'islam, fait de bric et de broc, d'une unité pourtant et d'une cohésion enchanteresses, si difficile à dater avec précision, mais postérieur en tout cas à l'an 800 puisque y apparaissent le nom et la silhouette de Haroun al-Rachid, le calife de Bagdad, contemporain de Charlemagne à qui il envoie une clepsydre dont l'arrivée, après un voyage interminable, fait sensation à Aix-la-Chapelle : *Les Mille et Une Nuits*. Pleines de sultanes d'une beauté merveilleuse, d'esclaves plus belles encore, de vizirs, de traîtres, de magiciennes, de chameliers égarés, de commerçants ruinés, de mauvais génies, de folie, d'ambition et de trésors cachés, *Les Mille et Une Nuits* sont à la fois un des livres les plus amusants qui aient jamais vu le jour et un ouvrage de génie. Comme dans les *Mémoires d'outre-tombe* ou dans Proust plus tard, on y entre avec délice pour ne plus le quitter.

Dans la Bible, dans l'*Iliade* et l'*Odyssée*, dans *Les Mille et Une Nuits*, les rapports entre l'homme et la femme sont à l'origine et au cœur de tout. Après le ciel et la terre, Dieu, au sixième jour, crée Adam et Ève. Ils font l'amour, ils veulent apprendre et savoir, la science les perd, l'orgueil les frappe, et c'est le drame d'où sortira l'histoire. Au premier chant de l'*Iliade* – qui raconte quelques jours de la guerre de Troie née de l'enlèvement d'Hélène par Pâris –, Achille donne libre cours à sa colère et se retire sous sa tente parce que le chef des Grecs, Agamemnon, lui a pris Briséis, la captive qu'il s'était choisie pour maîtresse. Et Shahriyar, le roi sassanide qui règne sur les îles de l'Inde et de la Chine, fait décapiter son épouse, ses suivantes et ses esclaves qui l'ont trompé et outragé. Partout, dès l'origine, règnent le sexe, le désir, l'amour, la jalousie.

Il y a encore autre chose qui domine nos trois chefs-d'œuvre originels : ce sont les forces d'en haut, les puissances célestes, les divinités. La Bible entière tourne autour de Dieu. Tout au long de l'*Iliade* et de l'*Odyssée*, Zeus, Héra, Athéna, Poséidon, Héphaïstos sont aussi présents qu'Achille, Hector, Priam, Agamemnon qu'ils protègent ou exposent et auxquels ils prodiguent leurs conseils. Ils se mêlent aux combats et décident de la victoire, envoient ou arrêtent le vent, prennent le visage des vivants. Et dès les premières lignes des *Mille et Une Nuits*, apparaît le Tout-Puissant, le Miséricordieux, le maître des commencements et des fins dernières : « On raconte – mais Dieu est le plus savant, le plus sage, le plus puissant, le plus généreux – qu'il y avait, au temps jadis, il y a bien, bien longtemps… » Et, à côté d'Allah et de son Prophète, une avalanche de divinités, de génies et d'esprits dissimulés un peu partout participent activement à la marche du récit.

Après le cycle d'Arthur, la matière de Bretagne, les romans de chevalerie, il faudra attendre les créateurs du roman moderne – Rabelais et Cervantès – pour que le pouvoir échappe aux êtres magiques et célestes et passe enfin aux vivants. Ce que nous appelons aujourd'hui le roman commence sous le signe d'une ironie et d'une gaieté qui retirent les ressorts de l'action aux puissances d'au-delà pour les remettre entre les mains des créatures d'ici-bas.

Il y a un troisième thème qui court à travers nos chefs-d'œuvre fondateurs : c'est la parole, le Verbe, le *logos* triomphant.

Le Verbe, dans la Bible, se confond avec Dieu. Dieu crée le monde en le nommant. Il transmet aux hommes le don et la charge de nommer les animaux et les choses. Et quand le Messie apparaît dans ce monde où il est fils de Dieu et Dieu lui-même, c'est le Verbe qui se fait chair.

La langue grecque, elle aussi, s'incarne dans l'*Iliade* et dans l'*Odyssée*. Zeus ou Poséidon commandent par la parole aux éléments de ce monde. L'épithète homérique donne son rythme et ses couleurs à la chute de Troie et aux aventures d'Ulysse, de Calypso, de Circé, de Nausicaa, de Pénélope et de Télémaque. Homère est le père de ce *logos* grec qui transformera le monde et, d'abord récités et chantés par les aèdes et les poètes avant d'être couchés par écrit, ce sont ses mots qui, pendant des siècles, serviront de socle à l'éducation des enfants. Il est à peine exagéré de soutenir que le monde connu a été conquis par

Alexandre et par les Romains dans le souvenir d'Achille et d'Ulysse racontés par Homère.

Dans *Les Mille et Une Nuits*, enfin, la vie ne tient qu'au fil des mots en train d'être prononcés. L'existence, à chaque page, y est suspendue à la parole. Si Shéhérazade s'arrêtait un seul instant de parler, elle serait exécutée aussitôt par le roi qui craint et hait les femmes depuis qu'il a surpris celle qu'il aimait dans les bras d'un esclave noir. Mais chaque matin, lorsque l'aube chasse la nuit, avant le jour et l'amour, devançant la colère du roi, le prévenant par la curiosité qu'elle a su susciter, Shéhérazade lance les prémices et les appâts d'une nouvelle histoire à venir : « Et qu'est-ce que tout cela comparé à ce que je vous raconterai la nuit prochaine, si le roi me laisse en vie... » Ou « Nous sommes tous comme le vizir du roi Yûnân et le médecin Duban... – Mais qui sont ce vizir et ce médecin, dit Shahriyar, et quelle est leur histoire ?... » Ou encore : « "Mais, poursuivit Shéhérazade, ce conte est moins étonnant que celui du pêcheur." Le roi lui demanda : "Quel conte du pêcheur ?"... »

Alors, devant l'insistance et la curiosité du roi, qui sont aussi celles du lecteur, après l'amour et le repos, quand la nuit va tomber, Shéhérazade reprend à nouveau la parole pour une autre histoire enchanteresse : « On raconte encore, Sire, ô roi bienheureux, que le pêcheur vit soudain... » Ou : « On raconte encore, Sire, ô roi bienheu-

reux, que le vizir avait une fille d'une beauté merveilleuse… » Et, à la façon de poupées russes qui
se mettraient à parler, de chaque histoire sort une
autre histoire : « On raconte encore, Sire, ô roi
bienheureux, que Dandân raconta… »

Chapitre XXVIII

Où apparaissent et font du bien Bossuet, Oscar Wilde, Aragon et plusieurs autres.

J'aimais les histoires. J'aimais les paroles et les mots. J'aimais beaucoup les livres. Ils me consolaient de mes chagrins. De plus en plus riche et puissant, après avoir échappé à plusieurs procès, plus sûr de lui que jamais, Paul Karpo-Vinteuil pérorait à la radio ou à la télévision sur la politique, sur l'économie, sur la société, sur tous les sujets imaginables. On racontait qu'il s'était entiché de Tamara – vous vous souvenez ? –, la belle Somalienne devenue plus Plessis-Vaudreuil que tous les Plessis-Vaudreuil. Je ne savais plus rien de Marie. Je sombrais un peu dans les vertiges de l'à quoi bon. Je lisais.

Je lisais ce qui me tombait sous la main : Montaigne, Chateaubriand, Racine et Feydeau, Nerval :

Sainte napolitaine aux mains pleines de feux,
Rose au cœur violet, fleur de sainte Gudule,
As-tu trouvé ta croix dans le désert des cieux ?
Roses blanches, tombez ! vous insultez nos dieux,
Tombez, fantômes blancs, de votre ciel qui brûle...

Et Mérimée, subtil et sec. Je lisais Bossuet et Oscar Wilde. Oscar Wilde était très différent de Bossuet. Mais je les aimais tous les deux, Oscar Wilde parce que j'aurais voulu le connaître et qu'il écrivait : « Nous sommes tous dans le caniveau. Mais certains d'entre nous regardent les étoiles. » Bossuet parce qu'il parlait comme personne de la seule chose qui me paraissait encore à peu près sûre et peut-être, au bout du compte, consolante après la disparition de mon grand-père et la fin de Plessis-lez-Vaudreuil : « C'est une étrange faiblesse de l'esprit humain que jamais la mort ne lui soit présente, quoiqu'elle se mette en vue de tous côtés et en mille formes diverses. On n'entend dans les funérailles que des paroles d'étonnement de ce que ce mortel est mort. Chacun rappelle en son souvenir depuis quel temps il lui a parlé et de quoi le défunt l'a entretenu ; et tout d'un coup il est mort. Voilà, dit-on, ce que c'est que l'homme ! Et celui qui le dit, c'est un homme ; et cet homme ne s'applique rien, oublieux de sa destinée ! ou s'il passe dans son esprit quelque désir volage de s'y préparer, il dissipe bientôt ces noires idées. Et je puis dire, Messieurs, que les mortels n'ont pas moins de soin d'ensevelir les pensées de la mort que d'enterrer les morts mêmes. »

Je lisais aussi les vivants. Évidemment, aux deux extrêmes du spectre littéraire, Aragon et Morand. Et puis Nikos Kazantzakis, le Grec, auteur d'*Alexis Zorba* et du *Christ ressuscité*. Yachar Kemal, le Turc, auteur du formidable *Ince Mèmed*, « Mèmed le Mince ». Ivo Andric et *Le Pont sur la Drina*. Gabriel García Márquez et le réalisme fantastique de ses *Cent ans de solitude*. Un jeune Péruvien très doué, Mario Vargas Llosa, en train d'écrire un chef-d'œuvre : *La Tante Julie et le Scribouillard*. Michel Foucault, encore presque inconnu, et Julio Cortázar. Alejo Carpentier, Cubain saisi par le surréalisme, auteur irrésistible du *Royaume de ce monde*, du *Siècle des Lumières* et du *Partage des eaux*. *Le Fusil de chasse* et *Le Loup bleu* – une biographie de Gengis Khan – du Japonais Yasushi Inoué. L'époustouflant *Cavalier suédois* de Leo Perutz. Le magnifique *Frédéric II* de Kantorowicz. Roger Caillois trop oublié, qui parlait si bien des fêtes, des jeux, des pieuvres, du sacré et des pierres. Emmanuel Berl, qui se disputait avec Proust et partageait avec André Breton une jeune femme du nom de Suzanne. Un peu plus tard, Cioran : « Chacun s'accroche comme il peut à sa mauvaise étoile » ou « Les enfants que je n'ai pas eus ne savent pas tout ce qu'ils me doivent » ou « J'ai connu toutes les formes de déchéance, y compris le succès ». Et surtout, nouvel Œdipe venu d'Argentine, déjà aveugle et hésitant dans sa démarche, bientôt guidé par la frêle silhouette noire de Maria Kodama, le grand Jorge Luis Borges dont l'*Histoire de l'éternité*, *L'Aleph*, *Le Jardin aux sentiers qui bifurquent* ou *La Loterie de Babylone* me rendaient à peu près fou.

Je les lisais le cœur battant, effondré dans mon coin, avec un mélange d'émerveillement et de douleur. Ils étaient ce que je ne serais jamais : des géants, des écrivains. Dans l'ironie et dans la violence, ils prenaient la suite de Dieu pour participer avec lui à la création de ce monde plein de passions et de mal. Et, à force de drôlerie, de folie et de cruauté, ils chassaient la peine et l'ennui qui nous accablent tous.

Les *bestsellers*, la mode, la littérature d'expérimentation, la blague du nouveau roman, les pompeux, les faiseurs, je les laissais de côté. Je leur préférais Labiche, Pagnol, Flers et Caillavet, Toulet, ou même *Arsène Lupin* ou un Indien inconnu et très malin dont la poésie et les tours de prestidigitation me remplissaient d'admiration – tout nouveau venu qui pénétrait chez lui voyait aussitôt, à sa stupeur, sa cravate se dresser à l'horizontale – et un Chinois que j'ai toujours vénéré. L'Indien a fini par faire fortune dans les fonds de pension et le Chinois était l'inventeur de proverbes et de dictons que je n'ai jamais oubliés : « Mieux vaut allumer une petite lanterne que maudire les ténèbres » ou « Il faut faire vite ce qui ne presse

pas pour pouvoir faire lentement ce qui presse »
ou encore : « À côté du noble art de faire faire
les choses par les autres, il y a celui, non moins
noble, de les laisser se faire toutes seules ».

Camus, c'était bien, mais trop souvent un peu
prêcheur. Sérieux comme Yourcenar, il était rarement amusant à la façon de Rabelais, de Montaigne, de Chateaubriand, de Hugo ou d'Aragon.
Sartre disait n'importe quoi avec beaucoup de
culot et beaucoup de talent. Que l'enfer, c'était
les autres. Que de Gaulle était un dictateur de
très loin pire que Staline. Et que l'URSS était
sur le point de rattraper et de dépasser les États-
Unis. Le bruit courait que les premières pages de
L'Être et le Néant avaient été assemblées en dépit
du bon sens et qu'elles étaient incompréhensibles.
La mode est si puissante qu'aucune réclamation
ne fut enregistrée. Sartre, pendant des années, a
régné en majesté. Il décrivait des garçons de café
en train de jouer aux garçons de café. Il chantait
le visqueux et le glauque. Il écrivait des romans
qui avaient un succès énorme et qui n'étaient pas
fameux. Et il dominait son époque en se trompant
sur presque tout.

Chapitre XXIX

Où passent les ombres de Malebranche et de quelques-uns de ses pairs.

Je travaillais aussi un peu. Pas beaucoup. Le moins possible. La philosophie était entrée dans ma vie et je m'étais mis à l'aimer d'un amour aussi malheureux que celui que je portais à Marie. J'ai eu deux maîtres : Jean Hyppolite, traducteur et interprète de la *Phénoménologie de l'esprit*, qui avait renouvelé en France les études hégéliennes, et Ferdinand Alquié, auteur d'un livre intitulé *Le Désir d'éternité*, qui s'était consacré à Descartes après avoir été tenté par le surréalisme.

Hyppolite, à qui je dois presque tout, souffrait d'asthme et, toujours à la recherche d'un peu d'air qui lui manquait, sa parole avait quelque chose de pathétique. Adoré de ses élèves, Alquié, dont l'accent du Midi m'enchantait d'autant plus qu'il était agrémenté des vestiges d'un bégaiement maîtrisé, pouvait, en regard, apparaître comme un mutin.

Il avait l'habitude d'ouvrir, à chaque rentrée, son cours de philosophie en khâgne par ces paroles inspirées :

— Vous avez p-peut-être entendu t-trois rumeurs à mon propos : que j'étais h-hom-mos-sexuel, que je passais mon t-temps dans les bor-dels et que j'avais t-trouvé ma femme dans une m-maison de p-passe. De ces t-trois assertions, il n'y en a que d-deux de vraies.

Je me débattais comme je pouvais avec l'*Éthique* de Spinoza et avec les trois *Critiques* de Kant. Aron m'épatait. Lacan me faisait rire. Je passais rue d'Ulm bavarder avec Althusser, un peu plus âgé que moi et bientôt plus célèbre pour avoir étranglé sa femme Hélène que pour ses travaux sur le jeune Marx. J'allais écouter ici ou là Georges Canguilhem qui, s'interrogeant sur le normal et le pathologique, faisait le lien entre biologie et métaphysique, Gaston Bachelard, toujours précédé de sa barbe-fleuve, qui nous parlait de l'eau, du feu, des rêves, des arbres, Vladimir Jankélévitch, l'auteur d'un livre au titre délicieux : *Le Presque-rien et le Je-ne-sais-quoi*, qui aimait la musique autant que la philosophie et qui entraînait auditeurs et lecteurs dans des ballets de concepts au charme inexprimable. Semblable à un lutin surgi d'une carriole traînée par des lapins, Jean Wahl m'in-troduisait dans les palais scintillants et obscurs de la dialectique : après avoir réfléchi quelques secondes, il avait fait à je ne sais plus quelle question posée par un étudiant une réponse qui m'avait transporté de bonheur :

— Oui. Oui, bien sûr – c'est-à-dire non.

J'ai suivi tout un trimestre de ma jeunesse évanouie le cours éblouissant de Martial Guéroult sur Malebranche. Malebranche a beaucoup vieilli : il croit que la volonté de Dieu est la seule cause de ce qui se passe dans une nature où tout s'enchaîne mécaniquement et que la pensée des hommes, entre choses matérielles et idées, est une vision en Dieu. Il n'y a plus grand monde pour croire encore aujourd'hui à la vision en Dieu.

Chapitre XXX

Où la rue du Vieux-Colombier réserve une surprise à l'auteur.

C'était le début du printemps. Il avait plu. Le soir tombait. J'avais vieilli comme le monde. Je venais de la rue du Cherche-Midi où j'avais passé une heure avec Michel Mohrt, le plus ancien de mes amis, l'auteur breton, délicieux et souvent irrité de *La Prison maritime*. Au carrefour de la rue du Cherche-Midi, de la rue de Sèvres et de la rue de Grenelle, je venais de m'engager, vers Saint-Sulpice et la Sorbonne, dans la rue du Vieux-Colombier, lorsque j'aperçus devant moi, un foulard autour de la tête, la silhouette d'une jeune femme prise dans un de ces imperméables qu'on appelait naguère un trench-coat. Parce que je pensais sans cesse à elle, je me dis en un éclair qu'elle ressemblait à Marie. En passant à sa hauteur, je murmurai très bas :

— Marie…

Elle tourna la tête. C'était elle.

— Marie ! m'écriai-je.

— Tiens ! me dit-elle, c'est toi.

C'était moi.

Nous ne nous sommes plus quittés.

RIEN NE CHANGE

Eadem sunt omnia semper.
Lucrèce

Chapitre premier

Où il est question d'amour – mais, grâce à Dieu, très vite.

Il n'y a qu'une règle en littérature, nous dit Jules Renard dans son irrésistible *Journal* : c'est toujours trop long. Ce qu'il faut, c'est aller vite. Nous n'avons plus le temps. Interdit de traîner en route. Interdit de fouiller dans des sentiments dont tout a été dit et qui n'ont plus grand-chose à nous apprendre. Interdit surtout d'écrire quoi que ce soit qui pourrait ressembler à une histoire d'amour. L'amour n'en peut plus d'avoir été mis à toutes les sauces poétiques et musicales. D'avoir été exploité par les savants, par les crooners et par les romanciers. De traîner au théâtre, au cinéma, à l'opéra, dans les journaux, à la télévision, dans les conversations. La boucle est bouclée. La place est déjà prise et l'affaire est classée. Vous ne ferez jamais aussi bien que l'*Odyssée* où Nausicaa, aux yeux d'Ulysse, ressemble à un jeune palmier, que

Dante pour qui l'amour fait tourner le soleil et les autres étoiles, que Pétrarque avec Laure, que Racine à qui je vous renvoie en cas de cœur brisé :

J'aimais, Seigneur, j'aimais, je voulais être aimée...

ou :

Je ne t'ai point aimé, cruel ! qu'ai-je donc fait ?

que Goethe qui va et vient aux côtés de Charlotte ou de Suleika à Suleika :

Von Suleika zu Suleika
Ist mein Kommen und mein Gehen

que ce pauvre Musset qui a été si jeune avant de devenir vieux :

Je me dis seulement : à cette heure, en ce lieu,
Un jour je fus aimé, j'aimais, elle était belle...

ou que Proust :

L'amour, c'est l'espace et le temps rendus sensibles au cœur.

Dans tout ce que j'ai pu faire ou écrire, il n'y a que l'amour qui compte. Mais il est devenu impossible d'en parler. Quand il s'agit d'amour aujourd'hui, il n'y a qu'un mot d'ordre : silence. Le mieux, évidemment, serait encore et toujours de se taire. Si vous tenez à racoler des lecteurs, vous pouvez, à la rigueur, décrire encore le plaisir. Brantôme avec ses *Vies des dames galantes*, Théophile de Viau, qui échappe de peu au bûcher, Diderot avec ses *Bijoux indiscrets*, Crébillon dans *Le Sopha* ou dans *Les Égarements de l'esprit et du cœur*, Sade évidemment, Apollinaire avec *Les Cent Mille Verges*, Pierre Louÿs dans *Trois filles de leur mère* ou dans son délicieux *Manuel de civilité pour les petites filles à l'usage des maisons d'éducation* s'en tirent même assez bien. Je vous les recommande. L'amour, en tout cas – on finit par se demander si le seul emploi de ce mot est encore autorisé dans tout livre qui se respecte –, doit être manié désormais avec une extrême réserve.

Marie avait cessé d'aimer Pama. Elle n'était jamais sortie de ma vie. J'étais sorti de la sienne. Elle mit plus de temps que moi à revenir à nous.

Chapitre II

Où l'auteur prend en secret de sages résolutions.

Je n'ai plus jamais quitté Marie. Et, par une chance inouïe, elle ne m'a pas quitté non plus. Je lui dois presque tout. Et d'abord de m'avoir réconcilié avec un monde dont son absence m'avait fait perdre l'usage. Je traînais sans elle dans l'incertitude et dans l'ennui. Je ne faisais rien. Je n'attendais plus grand-chose. Je perdais ma vie. J'errais sans but. Elle m'a rendu l'eau, les arbres, la lumière, la gaieté, l'espérance. Je m'étais donné à elle. Elle m'a rendu à moi-même.

Elle m'a fait honte de ma paresse. Je n'étais déjà plus tout jeune, en ce temps-là, l'adolescence était passée. Je n'étais pas encore vieux. Par la géographie et l'histoire, par le hasard, par la loi, j'avais beaucoup d'avantages. J'avais beaucoup de privilèges. Je n'avais pas faim. Je ne mourais pas de soif dans un désert. Je n'avais pas trop chaud dans nos climats tempérés. Je ne souffrais pas du froid. Un toit m'était assuré. J'avais de quoi m'habiller à peu près décemment. Et je ne faisais presque rien.

— Puisque tu n'es bon à rien, me disait-elle, tu devrais écrire quelque chose. Tu aimes lire. Tu me parles souvent des écrivains qui t'ont plu. Il t'arrive même d'en parler plutôt bien. Fais donc comme eux. Écris.

Écrire ! Mais écrire quoi ? Les livres étaient à mes yeux comme des objets sacrés. Je les mettais très haut. D'où venaient-ils ? Leur surgissement me paraissait mystérieux. L'idée de commencer un livre m'épouvantait. Pour dire quoi ? J'aimais beaucoup les bons livres, mais je n'ignorais pas qu'aujourd'hui surtout, où ils devenaient si nombreux, beaucoup, la plupart, presque tous étaient franchement mauvais. Écrire un mauvais livre qui tomberait des mains de ses lectrices et dont le premier lecteur venu aurait le droit de se moquer me déchirait le cœur. Je préférais me taire. Je choisissais la voie la plus sûre : je prenais le parti de ne rien faire.

— Alors ? me disait Marie.

— J'hésite, lui disais-je.

Je n'hésitais pas du tout. J'étais décidé à continuer d'en faire le moins possible et à poursuivre une vie où il ne se passait jamais rien. J'aimais beaucoup ces journées vides où les heures tou-

141

jours en train de couler se gardaient bien de s'encombrer de ces choses inutiles qui relèvent de l'action ou de la passion et qui s'emparent de nous. Je dormais beaucoup. J'oubliais. Je passais le temps qui passe.

Chapitre III

Où l'auteur part avec Marie pour Lucques et
pour Otrante.

Ce que nous aimions peut-être le plus, Marie
et moi, c'était de partir. Il y a des gens qui rêvent
d'arriver. Nous rêvions de partir. Nous partions
pour un oui ou pour un non. Et souvent pour
l'Italie. Il nous arrivait de partir pour la Grèce,
pour la Turquie, pour l'Égypte, pour le Maroc.
Il nous est même arrivé de partir pour l'Inde ou
pour le Mexique. Le monde nous appartenait.
Le plus souvent, dès que nous avions trois ou
quatre jours devant nous, ou parfois seulement
deux, nous partions pour l'Italie qui était à notre
porte.

J'ai beaucoup aimé l'Italie. Ses livres, bien sûr,
ses films, ses peintres, ses architectes, ses collines,
ses oliviers. Mais aussi ses bourgades endormies
sans trottoirs, ses derniers chemins de terre, ses
artisans, ses épiceries, ses bedeaux, ses faire-part

de décès affichés sur les murs. Mon Dieu ! comme j'ai été heureux en Italie avec Marie !

Nous arrivions. C'était le bonheur. Une habitude, presque une routine – et une surprise toujours nouvelle. Lucques, ses places, ses églises, ses villas et le souvenir d'Élisa, Bergame, si haut perchée, Vérone, ses herbes, ses arches, ses portes de bronze et sa princesse de Trébizonde, Montepulciano, avec, en contrebas, l'église du vieux Sangallo, Pienza, avec sa Via dell'Amore et sa Via dei Baci, Spolète, Positano, Lecce, tout nous était bon et merveille. Les ombres de Bonaparte, de Pie II Piccolomini, de Frédéric II, de Jules II, de tant de génies en tout genre côtoyaient les mercières, les patrons de bistrot, les chemisiers, les cordonniers qui avaient tant de talent. Nous découvrions de petites villes que nous avions le sentiment d'inventer : Ascoli Piceno, où rôde sur des places magnifiques et ignorées l'ombre d'un architecte injustement oublié, Cola dell'Amatrice, Pittigliano, Martina Franca, toute blanche et rococo, Ostuni et sa cathédrale, Otrante au loin, tout au bout de la botte, dernier réduit byzantin à résister aux Lombards, puis aux Byzantins, avant d'être réduit en cendres par les Turcs de Mehmed II, mais où subsiste par miracle, dans la cathédrale, l'œuvre naïve du prêtre Pantaleone : un pavement du XIIe siècle où, sur une des branches de l'arbre de la vie soutenu par deux éléphants, entre Adam et Ève, aux côtés des prophètes et de tout le bestiaire médiéval, brille Alexandre le Grand enlevé au ciel par deux griffons.

Les vignes, les cyprès, les oliviers, les pins maritimes nous menaient de duomo en duomo et de palais en palais. Nous déjeunions dans des trattorie au pied des grands escaliers de pierre flanqués de leurs statues de marbre. L'envie nous prenait à table d'écrire un guide de l'Italie dont nous avions déjà le titre : il s'appellerait *L'Italie comme on l'aime* et nous y parlerions des églises, des tableaux, des palais, mais aussi des boutiques de fringues et de mocassins, des coiffeurs et des antiquaires. De temps en temps, nous nous jetions dans la mer qui n'était jamais loin. Ah ! jeunesse, jeunesse !... Nous nous tenions par la main. Je la prenais dans mes bras et je lui disais assez bas :

Ô mon jardin d'eau fraîche et d'ombre
Ma danse d'être mon cœur sombre
Mon ciel des étoiles sans nombre
Ma barque au loin douce à ramer

Chapitre IV

Où l'auteur écrit quelques lignes dans une chambre d'hôtel à Rome.

Un matin de printemps à Rome, après avoir longé les Thermes de Caracalla, nous sommes tombés sur un petit bâtiment octogonal sorti de la nuit des temps pour jouer un rôle dans ma vie : l'oratoire de San Giovanni in Oleo. Élevé, à deux pas de la vieille église San Giovanni a Porta Latina, sur l'emplacement où, selon la tradition, saint Jean l'Évangéliste sortit indemne du supplice de l'huile bouillante, il a été remanié sans doute par Bramante et certainement par Borromini. C'est Marie qui a lu la première l'inscription gravée en français par un cardinal bourguignon sur le linteau de pierre : *Au plaisir de Dieu.*

— Tiens ! me dit-elle. Au plaisir de Dieu... ç'aurait pu être la devise de ton grand-père et de toute cette sacrée famille qui pèse si lourd sur nos épaules. Voilà ce que tu aurais dû faire : écrire un livre dont ton grand-père aurait été le héros et qui se serait appelé : *Au plaisir de Dieu*. Comme ça au moins, tu n'aurais pas tout à fait perdu ni ton temps ni ta vie.

Le soir même, dans notre chambre de l'hôtel Forum qui était assez petite mais qui avait une belle vue sur ce qui restait debout de la Rome républicaine et impériale, je jetais sur un bout de papier les premiers mots de ce qui allait devenir un pavé de six cents pages à la gloire ironique d'une Atlantide engloutie : « Je suis né dans un monde qui regardait en arrière. Le passé y comptait plus que l'avenir. Mon grand-père était un beau vieillard très droit qui vivait dans le souvenir... »

Chapitre V

*Où, entre imposture et grâce, l'auteur se trans-
forme en machine à combiner des mots.*

Marie apparaît dans presque tous mes livres.
Elle est à l'origine de la plupart d'entre eux. C'est
elle qui m'a soufflé l'idée de m'intéresser aux
six sœurs Mitford dont les destins contrastés et
réduits à quatre – car la réalité est trop forte pour
la fiction – courent à travers *Le Vent du soir* et
Le Bonheur à San Miniato. Nous étions ensemble
à Venise quand ont surgi coup sur coup de nulle
part les mots de l'*Histoire du Juif errant* et de
La Douane de mer. Elle est au cœur de *Voyez
comme on danse*. Même ce que j'ai pu dire du
monde autour de nous, de son origine, de Dieu,
lui doit beaucoup. De tout ce que j'ai écrit, une
large part lui revient.

Écrire est très difficile. Aussi difficile, j'imagine, que peindre, sculpter, faire de la musique,
ajouter un peu de création minuscule à l'immense

création. Tout le monde peut peindre, tout le monde peut sculpter, tout le monde peut faire de la musique. Et tout le monde peut écrire. Mais pour tirer du néant un de ces objets bizarres qui ressemblent, même de loin, à une œuvre, ou peut-être tout simplement à quelque chose, et qui puisse espérer durer plus d'une saison ou deux, il faut une espèce de miracle.

À la question de savoir si le succès des autres le tourmentait, Jules Renard répondait oui, bien sûr, mais moins que s'il était mérité. Mérité ou non, ce n'est pas le succès des autres qui me tourmente : c'est le mien. J'ai écrit une trentaine de livres. C'est beaucoup. C'est peu. Je ne sais pas. Que valent-ils ? Je ne sais pas. Nous vivons au temps de l'imposture. Entretenue par les médias, par la presse, par la télévision, par la radio, par Internet, l'imposture est partout, et celle des autres me crève les yeux. Parfois je m'interroge : ne serais-je pas, moi aussi, par hasard, le fruit de l'imposture ?

Écrire est une étrange combinaison d'allégresse et d'angoisse. J'ai connu l'allégresse et j'ai connu l'angoisse. La plus grande partie de ma vie, je l'ai passée à griffonner des pages et des pages que je jetais à mesure que je les noircissais. Le désespoir me prenait. Je m'endormais sur mon travail. Je détestais ce que je faisais et je me détestais moi-même. Et puis, tout à coup, je m'élevais au-dessus de ma bassesse. Une sorte de grâce m'habitait.

Les mots m'arrivaient tout seuls. Ils coulaient de source. Ils ne venaient même pas de moi. Ils venaient d'ailleurs. Ils me traversaient. Ils se servaient de moi pour se coucher sur le papier. Ils sortaient je ne sais d'où et ils volaient jusqu'à moi. Un grand bonheur m'envahissait. Il me payait de mes attentes et de mes découragements. J'avançais ainsi lentement entre illuminations et chagrins, transporté sur les sommets, effondré dans l'abîme, dormant sur mes échecs et sur mes découvertes, rêvant la nuit à des mots qui brillaient comme des éclairs et que j'avais du mal à retrouver le matin.

Ma vie s'est peu à peu confondue avec les mots. J'étais devenu une machine à combiner des mots. Mon bonheur et mes chagrins ne dépendaient pas de ma santé, de l'argent, du temps qu'il faisait, de la marche du monde, de l'opinion que mes semblables pouvaient se faire de moi. Ils dépendaient des mots que j'étais capable d'inventer et de ranger dans un ordre dont j'ignorais les règles mais dont je savais avec certitude, entre allégresse et angoisse, qu'il était très loin d'être arbitraire et de relever du hasard.

Chapitre VI

De l'allégresse et de l'angoisse

L'allégresse et l'angoisse. Ce n'est pas seulement en écrivant que je les ai ressenties. Ce qu'il y a peut-être de plus remarquable à la fois dans l'histoire et dans l'existence de chacun d'entre nous, c'est cette sorte d'équilibre qui n'est jamais rompu entre le bonheur et le malheur. On dirait qu'une force mystérieuse les empêche l'un et l'autre de s'installer pour toujours. Pour parler comme Aragon, rien n'est jamais acquis ni aux peuples ni aux hommes. Ni la force ni la faiblesse. La santé est un état qui ne présage rien de bon et la nature suffit souvent à guérir les maladies. Il arrive au rouge de sortir vingt fois de suite – mais le noir finira bien par s'imposer tôt ou tard. Il y a une règle qui ne souffre pas d'exception : les puissants seront abaissés, les humbles seront exaltés. Rien n'échoue comme le succès. Et, au plus profond de l'abîme, l'espérance est toujours là. Car Dieu, dans sa bonté, a donné une sœur au chagrin et il l'a appelée l'espérance. L'orgueil sera puni et les misérables finiront, d'une façon ou d'une autre, par monter sur les trônes. Il y a deux millénaires et demi, Sophocle le savait déjà : « Pour les hommes, rien qui dure, ni la nuit étoilée, ni les malheurs, ni la richesse ; tout cela un jour brusquement a fui, et c'est déjà au tour d'un autre de jouir – avant de tout perdre. »

Le basculement peut prendre du temps. Il est inéluctable. Job est précipité de la prospérité au fumier et du fumier à la prospérité. Nous passons notre vie à trembler et à faire des projets. Que raconte cette histoire universelle que nous apprenons aux enfants ? Des villes, des royaumes, des empires qui naissent, se développent, prospèrent et disparaissent. Crésus, si longtemps triomphant, est vaincu à Sardes par Cyrus le Grand qui fonde un immense empire destiné, lui aussi comme tous les autres, à décliner et à périr sous les coups d'Alexandre. Il y a tout au long de l'histoire et un peu partout des milliers de Crésus et des centaines de Cyrus. Après avoir régné plusieurs siècles sur toutes les terres connues, l'Empire romain finit par se croire établi pour toujours à l'image de Rome, appelée « la Ville éternelle » – et il est abattu. L'Empire byzantin et l'empire de la Chine sont coupés de cataclysmes et de fragiles renaissances. Plus près de nous, le communisme marxiste est persuadé d'avoir ouvert une époque nouvelle et irréversible dans l'histoire du monde. Hitler imagine qu'il travaille pour mille ans. Et le national-socialisme et l'URSS qui se croyaient invincibles sont détruits coup sur coup.

À court terme, dans ce monde, il n'y a pas de justice et il n'y a pas de vérité. À long terme, la marche du monde se confond avec ce que nous avons le droit d'appeler, parce que nous n'avons rien d'autre à quoi nous attacher, la justice et la vérité. Tout change. Tout se transforme. Tout s'écroule, Tout reste toujours semblable. Nous ne cessons jamais de rouler entre le bien et le mal, du chagrin à l'espoir et de l'espoir au chagrin, du désir à l'ennui et de l'ennui au désir.

Chapitre VII

Du chagrin

Souvent, je suis triste. Le monde n'est pas très gai. Et moi, je me désole de moi-même. Alors, je trompe mon monde en riant. La gaieté est la forme de ma mélancolie.

Ce n'est pas que je souffre ni que je sois abattu. Je ne me plains pas de mon sort. Bon, c'est ridicule, je suis un peu sourd, j'ai le rhume des foins, j'ai eu la goutte, rien de plus grotesque. Il m'est arrivé de maudire un semblant de grippe, une crise de foie, de vagues douleurs dans le dos. Elles ne duraient pas. Deux ou trois fois douze heures de sommeil, je dors beaucoup, en venaient vite à bout. Une tendinite ou une périarthrite prenaient un peu plus de temps. Jusqu'à présent, touchons du bois, rien de trop grave. Comme disait le duc de Maulévrier dans *L'Habit vert* de Flers et Caillavet si cher à Jankélévitch, je me porte bien. Vous le savez déjà : j'ai eu de la chance. De bons médecins, à qui je dois beaucoup. Et de la chance. Merci, mon Dieu.

Dans ce monde si dur, personne autour de moi n'a été fusillé, ni décapité à la hache, ni déporté, ni pris en otage. Personne n'a laissé sa vie dans un tremblement de terre, dans un incendie, dans un tsunami. Personne n'a été enlevé ni assassiné. Pas de suicide. Pas de crime de sang. Personne n'a été fauché par un train ou par une automobile. Personne n'a disparu dans un accident d'avion dans les Andes ou au-dessus de l'Atlantique.

J'ai perdu mon père et ma mère qui auraient aujourd'hui beaucoup plus de cent ans. Je les aimais. La mort de mon père a été un drame pour moi. Je me suis toujours élevé contre la formule de Sartre : « Il n'y a pas de bon père. C'est la règle. » Le mien était excellent. Il est mort persuadé que son second fils – c'était moi – était destiné à devenir un voyou dont la vie s'annonçait sous les auspices les plus sombres. J'ai raconté tout cela dans un livre qui s'appelait *Qu'ai-je donc fait*. C'est en pensant à lui et pour me faire pardonner que j'ai cueilli au passage quelques-uns de ces honneurs dont je me moque éperdument.

Ma mère, c'était moins rude. Elle m'aimait tellement, je crois, qu'elle n'avait besoin d'aucun rattrapage ni d'aucune confirmation : elle n'a jamais cessé, dans les pires tempêtes et dans mes pires folies, d'avoir confiance en moi et dans un avenir dont – merci, mon Dieu – elle a pu voir l'aurore se lever dans la nuit. Je l'aimais aussi. Quand elle est morte, j'ai eu le sentiment d'être livré sans défense, sans autre défense que Marie, aux assauts de ce monde. Mais enfin, mon grand-père, qui a tenu une telle place dans ma vie, ma grand-mère, dans sa cahute d'osier, mon père, ma mère, mon frère aîné, dont j'ai trop peu parlé et qui était un homme, un vrai, à qui vous pouviez faire confiance, leur départ était dans l'ordre.

Le plus cruel, quand on vieillit, c'est ce vide, peu à peu, qui se fait autour de soi. Admirés et aimés, les maîtres s'en vont les premiers. Et puis les amis, ceux qui ont été à l'école avec vous, ou qui ont fait la fête ou du ski ou l'amour avec vous. Et enfin les plus jeunes que vous, ceux qui auraient dû venir à vos obsèques alors que c'est vous qui assistez aux leurs. Tous ceux qui m'ont aidé dans mes débuts obscurs et à qui je dois tout – Jean Hyppolite ou Jean Wahl, Louis Althusser, René Julliard, Pierre Lazareff, Robert de Billy, Kléber Haedens, Paul Morand, Emmanuel Berl, Roger Caillois, Arthur Rubinstein, tant d'autres – ont disparu depuis longtemps. C'est le tour maintenant de Jeanne Hersch, de François Nourissier, de Jacqueline de Romilly, de Michel Mohrt, de Lucien Jerphagnon…

Inspiré peut-être de la revue des navires grecs au début de l'*Iliade*, ou de la liste des torche-culs chez Rabelais, ou encore du catalogue des conquêtes de don Juan chanté par Leporello, l'appel des morts est un des exercices les plus classiques de la littérature universelle. Chateaubriand s'y livre à la fin de l'été 1833 en descendant vers Vérone après avoir franchi les Alpes pour retrouver à Venise la duchesse de Berry, qui ne sera d'ailleurs pas au rendez-vous :

L'empereur de Russie Alexandre ?
— mort.
L'empereur d'Autriche François II ?
— mort.
Le roi de France Louis XVIII ?
— mort.
Le roi d'Angleterre George IV ?
— mort.
Le pape Pie VII ?
— mort.
Le duc de Montmorency, ministre des Affaires étrangères de France ?
— mort.

Proust reprend le même thème avec plus de cruauté en décrivant le baron de Charlus vieilli dans *Le Temps retrouvé* :

Il ne cessait d'énumérer tous les gens de sa famille qui n'étaient plus, moins, semblait-il, avec la tristesse qu'ils ne fussent plus en vie qu'avec la satisfaction de leur survivre. C'est avec une dureté presque triomphale qu'il répétait sur un ton uniforme, légèrement bégayant et aux sourdes résonances sépulcrales :

Hannibal de Bréauté,
mort !
Antoine de Mouchy,
mort !
Charles Swann,
mort !
Adalbert de Montmorency,
mort !
Boson de Talleyrand,
mort !
Sosthène de Doudeauville,
mort !

Et, à chaque fois, ce mot « mort » semblait tomber sur ces défunts comme une poignée de terre plus lourde, lancée par un fossoyeur qui tenait à les river plus profondément à la tombe.

Ceux que nous aimions nous quittent. Nous quitterons ceux qui nous aiment. Il y a, dans ce monde emporté par le temps, de la souffrance et des cancers, la dépression et la folie, du chagrin et du désespoir. Il y a le mal. Et il y a la mort. « La vérité, s'écrie Renan, la vérité est peut-être triste. »

Chapitre VIII

Du mal

Dans tout ce que j'ai écrit, j'ai très peu parlé du mal. Comme si je l'évitais, comme si je fermais les yeux sur sa présence accablante. Dans un livre récent dont le titre était beau parce qu'il était d'Aragon, *C'est une chose étrange à la fin que le monde*, je parlais un peu de tout, de Platon et d'Einstein, de la préhistoire, du mur de Planck, du temps, de l'éternité, de la gaieté et de l'espérance. Je ne disais pas un mot du mal. Probablement parce que je ne savais pas quoi en dire. Il est là. Qu'est-ce qu'il fait là ?

Le temps est vieux, le monde est vieux, la matière est vieille, même la lumière est vieille – moins vieille que le temps et le monde, mais assez vieille tout de même. Le mal est comme l'homme : il n'est pas très vieux.

On dirait que le mal, comme la vie, fait lentement son chemin vers des sommets après coup évidents – nous sommes tous évidents, n'est-ce pas ? tous nécessaires, tous aussi inévitables que le soleil ou la lune –, mais longtemps imprévisibles. Il n'y a ni mal ni souffrance tant que la vie n'est pas là. Quand, par un miracle encore inexpliqué, la vie finit par apparaître, la souffrance pointe le bout de son nez. Le mal ne tombe sur le monde qu'avec l'homme et sa pensée.

Avec le rire, si délicieux, avec cette parole qui nous fait vivre, avec la pensée, il se déchaîne enfin. La parole a quelque chose de divin. Et le Verbe était Dieu. Et le rire est le bonheur du monde. Ils sont aussi le mal lui-même. Le mal est inséparable de la pensée qui n'en finit jamais de se retourner contre elle-même.

Les hommes n'aiment pas le mal. Ils le dénoncent, le traquent, le combattent. Et surtout chez les autres. Moi aussi, je le combats. Mais je sais où il se cache. Il ne vient pas du diable auquel je ne crois pas. Comme les formes et les couleurs, comme les nombres, comme la vérité ou la justice, comme l'espérance, comme la beauté, comme l'univers et comme Dieu, le mal est d'abord en moi.

Chapitre IX

De ma bêtise

Marie, qui a toujours eu pour moi des trésors d'indulgence, avait très vite discerné l'imbécile que je cachais sous des dehors trompeurs et parfois presque brillants.

— Mon pauvre chéri…, me disait-elle.

Et c'était pour moi comme un trait de lumière : le bonheur et la vérité me tombaient en même temps sur la tête.

Bien sûr : je donnais le change. En français au moins, je savais assez bien arranger les mots entre eux. C'était comme jouer aux échecs ou aux quilles : j'avais le coup de main, je ne m'en tirais pas trop mal. Mais la vraie intelligence, les dons foudroyants, le talent, la vision, cette supériorité mystérieuse qui enchante et s'impose – ne parlons même pas du génie –, j'en manquais cruellement.

On raconte qu'Albert Einstein et Paul Valéry se sont un jour rencontrés. Valéry, selon son habitude, tenait un carnet à la main. Einstein lui aurait demandé ce qu'il faisait de cet accessoire contemplé avec méfiance. Le poète aurait répondu que le carnet lui servait à noter les idées qui risquaient de lui venir.

— Parce que vous avez des idées ? dit Einstein. Je crois n'en avoir jamais eu qu'une seule de toute ma vie.

Non seulement j'avais des idées tout le temps, mais elles ne valaient pas la peine d'être notées. J'étais à la fois ambitieux et léger. Les êtres, les événements, les plaisirs et les échecs m'étaient souvent indifférents. Tout me paraissait plutôt vain et presque toujours inutile. Je voulais faire des choses, mais je ne savais pas quoi. J'étais consterné de ne laisser derrière moi aucune trace de mon passage, et je refusais les moyens pour me sortir de cette impasse. Réussir me répugnait. Les contradictions m'étouffaient. Je battais la campagne. J'étais comme les oiseaux qui se cognent contre des vitres. J'étais idiot.

— Mon pauvre chéri…, me disait Marie.

Quelque chose m'envahissait. Un bonheur. Et la joie.

Chapitre X

De la joie

C'est peut-être parce que je suis idiot que la vie et le monde m'ont tant plu. Je savais qu'ils étaient cruels, qu'ils roulaient en aveugles dans les espaces infinis, qu'ils se moquaient bien des pauvres créatures trimbalées par leurs flots, qu'ils finissaient toujours par l'emporter sur nous et par nous piétiner. N'importe. Je les ai aimés à la folie.

Je me suis souvent présenté comme le benêt de la crèche, comme le Candide de service, comme un semi-demeuré prêt à taper dans ses mains, les yeux écarquillés, devant le spectacle peut-être truqué du monde. J'ai aimé le soleil, la lumière, l'eau, les arbres, les éléphants, la neige sur les montagnes, la vie en train de s'ouvrir dans les vallées au printemps et cette rumeur indistincte qui annonce l'amour dans le cœur des jeunes gens.

Le plaisir est un jeune homme à qui la tête tourne dans les étoiles. J'ai eu un faible pour lui.

Le bonheur est calme, aussi durable que possible, plutôt ennemi du temps qui passe, parfois mélancolique. Il a quelque chose de bourgeois, d'installé, de retraité et de bovin. Je ne l'ai pas méprisé. La joie, c'est autre chose. Loin de nous enfoncer dans le monde à la façon du plaisir et du bonheur, elle nous en détacherait plutôt. Elle est religieuse et rebelle. Elle est métaphysique. Elle éclate comme un tonnerre. Elle détruit tout sur son chemin. Elle se consume elle-même, elle s'oublie, elle se nie. Il y a quelque chose dans la joie qui ressemble à l'adoration. Elle nous élève au-dessus de nous. Elle nous transporte ailleurs. Elle nous ouvre les portes d'un univers inconnu et plus beau que le nôtre. Elle jaillit de notre monde et elle nous en montre un autre où règne la beauté.

Chapitre XI

De la beauté

La beauté est un mystère en pleine lumière. Il y a beaucoup de mystères autour de nous. Les uns, comme l'origine et la mort, sont sombres, opaques, effrayants. Les autres sont légers et gais. On dirait presque transparents. La beauté est un mystère qui danse et chante dans le temps et au-delà du temps. Depuis toujours et à jamais.

Elle est incompréhensible. On a essayé de l'expliquer. Le plus souvent en vain. À coups de chiffres et de mécanismes. Le nombre d'or. La symétrie et la dissymétrie. Des influences. Un code. Une culture. Des rapports, des contrastes, des souvenirs, des surprises. Le hasard, comme toujours, et la nécessité. Pourquoi un temple est-il beau ? Pourquoi une musique est-elle belle ? Pourquoi un être est-il beau ? Pourquoi un livre est-il beau ?

Die Rose ist ohne warum. Sie blühet weil sie blühet.

« La rose est sans pourquoi. Elle fleurit parce qu'elle fleurit. »

Comme le mal, personne n'en doute, la beauté est en nous. Elle est dans l'œil qui regarde, dans l'oreille qui écoute autant que dans l'objet admiré. Mais entre lui et nous, il y a des liens obscurs et des rapports secrets. Souvent inattendue et souvent scandaleuse, la beauté, venue de nulle part, nous frappe au cœur avec une violence toujours neuve et toujours répétée. Elle est liée à l'amour. Elle est une promesse de bonheur. À la façon de la joie, elle est une nostalgie d'ailleurs. Elle n'est jamais où elle est. Elle change avec les cultures. Elle évolue avec les époques. Elle varie selon les individus. Elle ne cesse jamais de prendre des formes nouvelles. Elle passe. Et elle renaît.

La beauté est un secret que tout le monde a connu. Elle est très loin d'être recherchée et admirée sans réserve. Les gens sérieux en parlent avec dédain et légèreté. Tout un pan de l'art moderne se moque bien de la beauté et se vanterait plutôt, pour une raison ou pour une autre, de l'ignorer et de la mépriser. Les fous, les grands naïfs, les amants, les poètes attardés, les mathématiciens surtout la cultivent et la vénèrent. Elle est l'espérance même. Elle donne envie de vivre.

Il arrive à des êtres vivants d'être ineptes et très

beaux. Il arrive aussi à des femmes laides et à des hommes en dessous du médiocre de rayonner soudain de beauté. Les saints sont toujours beaux. La bonté est belle. Et la vérité, qui peut être si triste, est toujours la beauté même.

Chapitre XII

De la vérité

La vérité, c'est tout simple : il y a des choses qui sont vraies et des choses qui ne le sont pas.

Il est vrai que deux et deux font quatre, que le Danube se jette dans la mer Noire, que Charlemagne, le plus grand souverain de l'histoire de l'Europe, a été couronné empereur par le pape Léon III à Rome le jour de Noël de l'an 800, qu'*imbécile* prend un seul *l* et qu'*imbécillité* en prend deux. Il n'est pas vrai qu'Athéna ait surgi tout armée de la tête ou de la cuisse de Zeus ou que notre Terre soit immobile au centre de l'univers. Il y a une histoire du monde, il y a un ordre des choses et il y a des codes, des systèmes, des logiques.

La difficulté est qu'il y a de tout dans la vérité et qu'il y a de tout dans l'erreur. Les frontières sont floues. Il y a souvent un grain de vérité dans une erreur. Plus ou moins largement acceptés,

168

les codes, les systèmes, les logiques ont quelque chose d'arbitraire. Et rien n'est plus changeant que l'ordre des choses. Beaucoup de gens intelligents et même de grands esprits ont cru dur comme fer qu'Athéna était la fille de Zeus et que la Terre était au cœur du monde. Et on peut soutenir, sinon que Charlemagne n'a jamais existé, du moins que son règne a été un désastre, que le Danube et la mer Noire ont longtemps porté d'autres noms et aussi que ni le cours du Danube ni l'existence de la mer Noire ne sont acquis depuis toujours ni pour toujours. Il est même possible de défendre la thèse que la mathématique, qui est une science où vous ne savez jamais de quoi vous parlez ni si ce que vous dites est vrai, n'est qu'un système efficace, mais arbitraire et tautologique. Et beaucoup de grammairiens estiment qu'on ferait mieux de supprimer les bizarreries d'une orthographe périmée. Vous pouvez tout mettre en doute, jusqu'à la réalité du monde et à votre propre existence qui pourraient bien n'être rien d'autre qu'un long rêve continu. En histoire comme en politique, en biologie comme en religion, la sagesse consiste peut-être, en fin de compte, à ne plus croire à rien.

Nous voilà bien pris. Nous voilà au rouet. Heureusement, il y a la science. La science aussi est une logique, un code, un système – mais cohérents et vérifiables. Vous pouvez toujours la contester : elle sort victorieuse de toutes les contestations. Elle fonde, sinon *la* vérité, du moins *une* vérité sur laquelle il est possible et inévitable de s'entendre. Tout change, tout évolue, tout meurt – même la science qui va de découverte en découverte et qui passe son temps à se modifier et à se contredire. Et qui finit toujours par triompher. Vers la fin du XIXe siècle, Marcelin Berthelot affirme que l'univers est désormais « sans mystère ». À peu près à la même époque, un autre grand savant, William Thomson Kelvin, déclare que la science est parvenue au bout de son chemin et qu'il ne reste plus grand-chose à découvrir. Quelques années plus tard, s'imposent coup sur coup la relativité restreinte et générale avec Einstein, l'expansion de l'univers avec Hubble, la théorie quantique avec Planck, Bohr et Heisenberg. La science avance lentement d'erreur en erreur vers quelque chose qui passe pour la vérité.

La vérité est en marche. Elle n'est pas tant un résultat qu'un processus en progrès. Nous en savons plus que nos parents. Nos parents en savaient plus que nos grands-parents. La vérité, c'est nous. Aujourd'hui. Mais ce sera aussi – et surtout – nous demain. Qui doute que, demain, Darwin, Freud, Einstein, Max Planck, Niels Bohr, Werner Heisenberg, la relativité restreinte et générale, la théorie quantique seront renvoyés dans le passé et le souvenir comme Newton et Ptolémée l'ont été avant eux ? En science comme en politique, il n'est pas de sauveur suprême. Il n'y a pas de clé de l'univers qui nous soit donnée une fois pour toutes. La vérité est une tâche infinie.

Le drame de la vérité se joue entre le monde et moi. Je disparaîtrai. Mais, après moi, il y aura vous. La marche de l'histoire se poursuivra parce qu'il y aura d'autres moi, qui s'appellent vous et nous, pour penser le monde et pour le recréer.

La marche se poursuivra. Vers quoi ? Je n'en sais rien. La vérité change tout le temps. Mais si lentement qu'il est possible à la science et à sa morale de construire leurs systèmes qui paraissent éternels alors qu'ils sont presque aussi passagers que la vie si brève des hommes. Personne n'aurait pu prévoir hier ce qui nous arrive aujourd'hui. Personne ne peut prévoir aujourd'hui ce qui nous arrivera demain. L'histoire est un secret, une surprise et une invention.

La vérité est une idée neuve dans le monde.

Συν ῾ ῎ολῃ τῃ ψυχῃ ἐις την ᾽αληθειαν ᾽ιτεον. « Il faut aller à la vérité de toute son âme. » La formule si belle de Platon n'aurait pas pu être prononcée aux temps où les hommes n'avaient pas encore quitté l'Afrique où nous sommes nés, aux temps où, comme la justice ou l'amour, la vérité n'avait pas encore le moindre sens. L'histoire forge peu à peu des valeurs qui ne sont pas éternelles, mais qui ont une origine et une fin. L'amour, la justice, la vérité, ce sont les hommes qui les ont inventés. L'ordre des choses, c'est nous qui l'avons mis en place. Un ordre des choses qui bouge sans cesse, qui se modifie, qui passe son temps à disparaître et à renaître de ses cendres.

C'est parce qu'il y a un ordre des choses que la science est possible. Et c'est parce qu'il change tout le temps que la science fait des progrès. Vous le savez obscurément : il n'y a pas plus de vérité qu'il n'y a de justice. Si vous prenez pour argent comptant ce qu'on vous présente aujourd'hui comme la justice et la vérité, c'est que vous êtes un imbécile. Et si vous en venez à penser que, puisque la justice et la vérité nous échapperont toujours, autant abandonner tout de suite leur recherche inutile, vous ouvrez toutes grandes les portes à la barbarie.

Il faut vous arranger avec ces contradictions. Les hommes n'ont rien d'autre à faire qu'à se donner tout entiers à une recherche de la vérité dont ils savent par avance qu'ils ne l'atteindront jamais.

Chapitre XIII

Du temps

Voilà. Tout change. Tout reste semblable. C'est le mystère du monde. Ce mystère a un nom. Il s'appelle le temps.

Le temps passe. Il coule. Il fuit. Il disparaît. Et il est toujours là. Il s'en va et il demeure. Il change et ne change pas.

Marie est encore à mes côtés. Elle se penche même sur cette page, elle me met en garde contre elle.

— Ne vois-tu pas, mon pauvre chéri, que tu écris de nouveau la même chose ? Tu n'as pas pu t'empêcher de nous reparler de Plessis-lez-Vaudreuil, de ton grand-père, de Dieu, omniprésent et absent. Et, là, c'est le temps qui nous revient en boucle dans la figure. Tu en as déjà tout dit. Tâche de trouver autre chose, et mieux.

C'est qu'il n'y a pas mieux. Il n'y a même pas autre chose. Ne pas parler du temps serait passer sous silence la clé de toute vie et du monde. Si un poisson écrivait un roman où l'eau n'apparaîtrait pas, ses lecteurs se détourneraient de lui. Nous ne sommes faits que de temps. Dieu – ou le hasard – a donné le coup de pouce d'où est sorti l'univers. Et il a laissé le temps faire son œuvre tout seul.

Chapitre XIV

Du temps (suite)

Le temps. Vous ne savez rien du temps parce que personne n'en sait rien.

La matière, nous la connaissons. Nous l'avons décomposée en éléments de plus en plus minuscules auxquels nous avons donné des noms qui recouvrent on ne sait quoi, presque rien peut-être, mais qui expliquent le réel et qui font rêver les jeunes gens : des atomes, des protons, des neutrons, des électrons, des photons, des quarks, des wimps, des neutrinos sans masse qui traversent par milliards les corps les plus opaques.

La lumière, nous la connaissons. Elle nous a donné beaucoup de fil à retordre. Pythagore s'imagine que la lumière va de l'œil vers l'objet à la façon d'un phare ou d'une antenne très souple. Descartes croit encore que la vitesse de la lumière est infinie et sa propagation, immédiate. Il a fallu attendre longtemps pour découvrir que la vitesse de la lumière était très grande et même la plus grande possible mais qu'elle était finie : trois cent mille kilomètres à la seconde. Cette découverte-là allait changer l'histoire des sciences et transformer l'image que nous pouvions nous faire du monde. La nature même de la lumière a fini par être percée à jour. Deux grands savants, Newton et Huygens, soutenaient, le premier, que la lumière était faite de particules ; et, le second, qu'elle était faite d'ondes. Il faudra attendre Niels Bohr et Louis de Broglie pour savoir que la lumière, c'est des particules qui ondulent.

La pensée elle-même, longtemps si mystérieuse et si proche d'une âme dont il était impossible de rien dire que des abstractions pieuses, nous avons fini par la connaître. Avec Einstein et sa bande – les Hubble, les Planck, les Bohr, les Heisenberg –, la première moitié du XXe siècle voit le triomphe de la physique mathématique. La deuxième moitié du siècle est dominée par la biologie. La biologie moléculaire en vient à s'intéresser au cerveau, aux neurones, aux synapses et à se lier étroitement, à son tour, avec la mathématique. Au terme de progrès inouïs, elle finit par faire des miracles qui émerveillent et font peur. Les neurobiologistes sont les sorciers tout-puissants et (encore) bienfaisants des temps que nous vivons. La pensée humaine, aujourd'hui, est l'objet d'un savoir au même titre que la matière, que l'eau, que la lumière, que les origines de l'univers.

Nous ne savons rien du temps. Personne ne peut dire quoi que ce soit d'un peu précis sur sa nature. Nous pouvons le mesurer, le diviser, l'organiser à notre gré – la domination du temps est un des attributs du pouvoir –, d'une certaine façon l'apprivoiser.

En l'an de Rome 708 – 46 av. J.-C. –, Jules César, pour réformer une organisation du temps devenue chaotique et pour fonder le calendrier julien, décrète, sur les conseils d'un astronome grec d'Alexandrie du nom de Sosigène, une année, appelée l'*année de la confusion*, qui compte quatre cent cinquante-cinq jours. En automne 1582, à des dates diverses selon les pays – entre le 4 et le 15 octobre en Italie, entre le 9 et le 20 décembre en France –, Grégoire XIII, à l'effroi de Montaigne qui parle de l'affaire dans ses *Essais*, raye d'un trait de plume dix jours de l'histoire du monde pour établir le calendrier grégorien qui nous régit encore aujourd'hui. Personne n'est né, personne n'est mort, il ne s'est rien passé entre le 4 et le 15 octobre 1582 en Italie, entre le 9 et le 20 décembre en France. Ces dix jours évanouis n'ont jamais existé. En 1792, pour une dizaine ou une quinzaine d'années, la Convention nationale invente le calendrier républicain avec ses noms de mois poétiques et un peu ridicules, dus à l'imagination de Fabre d'Églantine. La Mésopotamie, la Chine et l'Inde anciennes, l'Égypte des pharaons s'occupaient du temps qui passe. Chacun sait que les Mayas, hantés par le temps, avaient un calendrier extrêmement élaboré – et même plusieurs qui se chevauchaient.

Nous pouvons parler du temps. Nous pouvons le découper en fragments et donner des noms à ces fragments. Nous ne savons pas d'où il vient ni de quoi il est composé. Il se confond avec nous et avec le monde autour de nous. Nous ne pouvons pas échapper à son passage implacable. Mais nous ne le connaissons pas. Nous ignorons tout de son origine, de sa nature et de sa signification. Il est le plus proche et le plus profond des mystères qui nous entourent.

On peut dire, à la rigueur, ce qu'il n'est pas. Il n'est pas fait de particules et il n'est pas fait d'ondes. Il n'est ni solide, ni liquide, ni gazeux. Il n'est pas une idée. Il n'est pas un sentiment. Il n'est pas sous nos yeux, comme le Soleil ou la Lune. Les physiciens assurent souvent qu'il peut être réversible. Ou même parfois qu'il n'a aucune réalité, qu'il est une illusion et qu'au moins dans l'infiniment petit il est possible de se passer de lui. Les hommes vieillissent pourtant. Et meurent. Et l'histoire se poursuit.

Chapitre XV

Du temps (suite)

Le temps, dans la vie de chaque jour, ne nous pose aucune question. Il semble aller de soi. Il n'est rien de plus simple ni de plus évident. Et il est invraisemblable et d'une complication cruelle qui le rapproche de la pensée et du mal.

Il est composé de trois parties familières même aux enfants de sept ans et que les savants appellent *hypostases* : le passé, le présent et l'avenir.

S'il fallait expliquer notre monde à un esprit venu d'un univers étranger à nos lois, il serait peut-être indiqué de commencer par ces mots qui nous paraissent couler de source et qu'il lui serait sans doute difficile de comprendre : « L'avenir n'est pas encore là. Le passé n'est plus là. Nous vivons dans le présent. »

Où est l'avenir ? Nulle part. Il n'existe pas. Il n'est pas caché dans une grotte, ou derrière une montagne, ou au fond de la mer. Ne le cherchez pas dans les nuages. Ni dans une autre galaxie. Ni dans un univers de rechange d'où il déboulerait sur le nôtre. Homère disait avec magnificence : « L'avenir est sur les genoux des dieux. » Il surgit du néant. L'avenir est un néant qui n'a rien de plus pressé que de se changer en présent.

Il attend de paraître avec une patience implacable. Il piaffe derrière le décor. Impossible de lui faire prendre ni de l'avance ni du retard. L'avenir est la justesse, la rigueur, le devoir mêmes. Jamais la moindre hésitation. Jamais le moindre faux pas. Il tombe en Père Noël chargé de cadeaux de rêve, il tombe, armé de sa faux, en spectre de cauchemar sur le monde étonné.

L'avenir n'est rien d'autre qu'un passé en sursis. Où est le passé ? Le passé est dans ma tête. Ma mère est dans ma tête. Talleyrand est dans ma tête. Jules César est dans ma tête. Et le big bang est dans ma tête. Et, je vous le jure, nulle part ailleurs. Le passé est un souvenir logé dans nos cerveaux. La totalité de l'univers et de ses événements est rangée là, sous forme de livres, de mots, de chiffres, d'écrans, de documents ou de traces.

Le présent est coincé entre le passé et l'avenir. C'est un entre-deux minuscule jusqu'à l'inexistence.

Le seul avenir de l'avenir est de devenir un passé. Quand l'avenir se jette sur nous, il a tellement hâte de se changer en passé qu'il ne prend que pour un instant, pour un soupir, pour un clin d'œil, pour un éclair la forme fragile du présent. On pourrait presque soutenir que le temps n'a qu'une idée : sauter l'étape du présent. Tous les poètes le chantent, tous les amants le déplorent : le présent ne dure pas. Plus rapide que la flèche, plus fugitif que l'éphémère, il ne naît jamais que pour mourir aussitôt. C'est en vain que le Faust de Goethe le supplie de s'attarder. Le moment où je parle est déjà loin de moi.

Chapitre XVI

Où le lecteur échappe aux histoires inutiles dont nos romans sont pleins.

Marie :
— *Franchement, ce qui m'étonnera toujours chez toi, mon pauvre chéri, c'est ton obstination. Tu es léger comme la plume...*

Moi :
— *Peut-être plutôt comme la cendre ?....*

Marie :
— *Comme la cendre, si tu y tiens. Et tu es la plus obstinée de toutes les créatures.*

Moi :
— *Est-ce un défaut ?*

Marie :
— *C'est un risque. Tu te répètes. Tu as déjà*

parlé vingt fois du temps et de ses mystères. Tu
recommences. Je t'avais mis en garde. Tu ne tiens
pas le moindre compte de mes observations.

Moi :
— *Dans l'univers entier, avec son Soleil et sa*
Lune, et ses étoiles au loin, avec ses galaxies dont
nous ne savons presque rien, avec son histoire
pleine de tumultes qui semblent n'avoir aucun
sens, avec ses conquérants, ses peintres, ses musi-
ciens qui nous font honte de notre médiocrité, il
n'y a que toi qui comptes pour moi.
J'écris pour toi.

Marie :
— *Alors, écoute ce que je te dis. Tu n'es pas*
seul au monde. Tu as des lecteurs. Ils se sou-
viennent. Tu as des critiques. Ils te guettent. Tu
le rappelles souvent toi-même : il nous faut du
nouveau. L'affaire du temps, on la connaît.

Moi :
— *Je n'écris pas pour amuser. J'essaie de*
sauver ce que je peux de ces quelques printemps
que j'aurai passés ici-bas.

Marie :
— *N'exagère pas tout de suite. On t'aime parce*
que tu es léger. Tant de gens sont si lourds ! Tu
es léger. Reste-le.

Moi :

— *Sais-tu, ma chérie, pourquoi, d'après Chesterton, les anges ont des ailes ?*

Marie :

— *Parce qu'ils se prennent à la légère.*

Moi :

— *Bravo ! Moi aussi, qui ne suis pas un ange, je me prends volontiers à la légère. Mais je voudrais, avant de mourir, parler un peu d'autre chose que de ces histoires inutiles dont nos romans sont pleins.*

Chapitre XVII

Du temps (suite)

Une des clés évidentes et secrètes de ce monde où nous vivons est qu'il passe son temps dans un éternel présent toujours en train de s'évanouir. Entre un avenir qui n'existe pas encore et un passé qui n'existe déjà plus se glisse une pure abstraction, une sorte de rêve impossible. C'est cette absence haletante que nous appelons le présent. Personne n'a jamais vécu ailleurs que sur cette frontière vacillante entre le passé et l'avenir. Dans ce présent déjà absent qui n'a aucune épaisseur mais qui est en même temps, débrouillez-vous comme vous voudrez, la seule réalité.

Le temps est un paradoxe perpétuel. Le comble de la contradiction. Une sinistre et radieuse ironie. En regard, l'éternité est la simplicité même. Mais nous sommes si enfouis sous le temps, si soumis à ses décrets, si enfermés dans ses murs invisibles qu'il nous fait tout avaler. Sa dictature nous semble aller de soi et il nous est impossible de penser quoi que ce soit d'étranger à son règne.

Nous sommes vainqueurs de l'espace qui est la forme de notre puissance. Nous sommes vaincus par le temps qui est la forme de notre impuissance. Nous ne pouvons agir sur l'avenir qu'à partir du présent. Nous ne pouvons nous souvenir du passé qu'à partir du présent. Nous sommes prisonniers d'un présent qui n'existe pas.

Chapitre XVIII

Du temps (suite)

L'avenir n'est pas seulement tapi quelque part devant nous, toujours prêt à se jeter sur le monde. Il est aussi du passé prolongé et travaillé par le temps.

Il y a naturellement chez lui quelque chose de nouveau. Il imagine. Il invente. Il nous apporte de l'inconnu et une sorte de création continue. Mais il ne peut pas faire ce qu'il veut. Il est commandé par un passé qui lui tient les rênes très serrées. Le passé est ce qui empêche l'avenir d'être n'importe quoi.

Tant que la vie et l'homme ne sont pas encore là, l'avenir reste très proche du passé et, sauf aux débuts du début où tout change à toute allure, il progresse avec lenteur. Dès que l'homme arrive, il lui donne un sérieux coup de collier. Il l'encourage, il l'accélère, il lui permet de se substituer à l'aveugle nécessité qui régnait avant lui sur l'inertie des choses.

Soutenu par la pensée, l'avenir est de plus en plus inventif. Il se précipite en avant, saisi d'une allégresse dévorante. Il rejette le passé dans l'ombre avec une pointe de mépris. Il prend le relais de Dieu et la tête lui tourne un peu.

Du jeu de ce passé en train de fournir de l'avenir et de cet avenir en train de se changer à son tour en passé, il n'y a qu'une chose à dire : ça vient on ne sait pas d'où et ça se poursuit de plus belle.

Chapitre XIX

Du temps (suite et fin)

Le temps ! Le plus souvent, nous l'oublions. Nous demandons, l'air distrait : « Quelle heure est-il ? » ou (et la formule suffit à montrer à quel point nous nous identifions au temps) : « Quel jour sommes-nous ? » et nous trouvons qu'il s'en va à toute allure et de plus en plus vite à mesure que nous vieillissons. Il file. Il disparaît. Il nous abandonne – et il ne nous quitte jamais.

Nous y entrons grâce à notre mère et nous débarquons dans les tempêtes du monde pour devenir pompier, notaire, coiffeuse, berger, ajusteur ou nourrice. Au moins jusqu'à nos jours, c'est encore le seul moyen pour descendre dans nos ténèbres éclairées par le soleil. Nous en sortons à notre mort.

D'où venons-nous ? Il y a le sexe, le désir, l'amour, l'embryologie, la biologie, les généalo-

gies qui se perdent dans la nuit. Où allons-nous ?
Nous retournerons en poussière et les vers se
promèneront sur nos squelettes sans vie et dans
ces chairs décomposées qui nous ont tant occupés. Mais en deçà ? Et au-delà ? Pouvons-nous
nous satisfaire de ces explications mécaniques
qui réduisent le monde, la vie, l'histoire de ces
êtres étranges aussi grands que leurs rêves – c'est
nous – à un jeu absurde où le hasard fait la loi ?
Il y a chez les hommes un sentiment obscur qui
aspire à autre chose.

Les hommes veulent d'abord survivre. Et, tout
de suite après, les meilleurs d'entre eux au moins,
ceux qui font bouger l'ordre établi et qui laissent derrière eux des traces de leur passage, se
désespèrent de voir leur vie se perdre dans les
sables et tomber dans l'oubli. Ils veulent qu'elle
prenne un semblant de sens. Alors, ils chantent,
ils peignent, ils se servent de la terre ou du bois
ou de la pierre ou de la toile ou du papier pour
inventer des objets, ils font la révolution ou des
livres, ils laissent derrière eux des espèces de
monuments. Ils souffrent et ils espèrent. Et ils
regardent les nuages dans le ciel, l'eau qui coule,
la mer si elle est là, les étoiles la nuit. Je crois
qu'ils aimeraient tous savoir ce qu'ils font là. Ils
voient mourir les autres. Ils devinent qu'ils mour-
ront eux-mêmes. Ils constatent que les jours et les
saisons se succèdent. Qu'il y a partout des débuts
qui sont si beaux et des départs qui sont tristes.

Ils ne pensent pas beaucoup au temps qui est un truc compliqué, mais ils sentent que tout passe et que tout va finir. Et ils aimeraient durer. Le rêve des hommes est de persévérer dans un être dont ils ne savent rien.

Chapitre XX

Où Marie fait la cuisine et va chez le coiffeur.

Je vais vous dire quelque chose : nous ne passions pas nos jours et nos nuits, Marie et moi, à nous entretenir de la vérité, de la beauté ou du temps. Nous menions la vraie vie, chacun de notre côté. Elle travaillait. Je travaillais. Nous nous retrouvions le soir pour lire, pour regarder les nouvelles à la télévision et pour parler un peu de ce que nous avions fait dans la journée et de ce que nous nous préparions à faire le lendemain. De temps en temps, nous allions au cinéma ou dîner chez des amis. Elle faisait la cuisine, assez bien, et elle se rendait chez le coiffeur. J'écrivais *C'est une chose étrange à la fin que le monde* ou *Un jour je m'en irai sans en avoir tout dit.*

La réussite que je méprisais tant quand j'étais jeune avait fini par me rattraper. Le jeudi après-midi, je partais m'asseoir quai Conti entre un homme et une femme que j'ai admirés et aimés :

Claude Lévi-Strauss et Jacqueline de Romilly. Jacqueline de Romilly avait son franc-parler. Un jour où, à propos de ce sacré dictionnaire et de ses définitions, la discussion, portant sur des pointes d'épingle – « pesant des œufs de mouche, aurait dit Voltaire, avec des toiles d'araignée » –, l'avait un peu irritée, elle se pencha vers moi et me glissa :

— Dire que nous passons nos dernières années à ces stupidités !

Je lui rappelai, en échange, le bulletin de vote glissé dans l'urne par Victor Hugo lors d'une élection – dont il parle dans *Choses vues* – où aucun des candidats ne lui paraissait digne d'estime :

> *Je ne voterai pas du tout*
> *Car l'envie a semé d'embûches*
> *Pour le génie et pour le goût*
> *Cette urne d'où sortent des cruches.*

Un jeudi où il faisait beau, assis sur les marches au pied de notre Coupole dorée, je lisais je ne sais plus quel volume des aventures de Jeeves. Jeeves est un *butler* anglais inventé et mis en scène par Wodehouse, un des représentants les plus typiques de l'humour britannique. Il travaille chez un maître d'une élégance raffinée et d'une stupidité insigne du nom de Bertram Wooster. Terrorisé par sa tante Agathe qui est une forte femme et qui le traite plus bas que terre, le malheureux Bertram se met sans cesse dans des situations impossibles d'où le sortent régulièrement les talents de son fidèle Jeeves. Jacqueline de Romilly me surprit en train de rire tout seul des aventures lamentables de Bertram Wooster et de la subtilité des manœuvres du cher Jeeves.

— Que lisez-vous donc ? me demanda-t-elle.

Je lui expliquai le génie rare de Jeeves et, avec un peu d'audace, je lui proposai de lui prêter le livre. Elle l'emporta.

Le jeudi d'après ou quinze jours plus tard, je retrouve Jacqueline quai Conti.

— Ah ! me dit-elle, je ne lis plus que deux auteurs : Thucydide et Wodehouse.

Chapitre XXI

Des baies, des anses et des criques

Il nous arrivait, à Marie et à moi, de partir plus loin que pour l'Italie si proche, pour la Toscane et l'Ombrie, pour le lac de Côme ou le lac d'Orta où Nietzsche amoureux avait arraché un baiser à Lou Andreas-Salomé, pour Amalfi et pour Ravello où flottaient les ombres de Wagner, d'André Gide, de Styron, de Gore Vidal et de Greta Garbo, pour les forêts d'oliviers de ces Pouilles chères à Frédéric II. Nous allions à Palmyre, gloire de la reine Zénobie, un des derniers des grands temples classiques, ou à Saint-Siméon, près d'Alep, la première des basiliques chrétiennes, l'ancêtre et le modèle de Germigny ou de Vézelay, à Louxor ou à Assouan, et surtout en Inde.

Nous y découvrions, à notre tour, après tante Françoise et le major McPherson, les splendeurs de Gwalior ou de Hampi. Bien moins connu que les autres grands sites de l'Inde, Hampi comptait, vers la fin du XVᵉ siècle ou le début du XVIᵉ, un million d'habitants qui achetaient et vendaient des chevaux, des éléphants, des tapis, des diamants ou des perles aux Indiens, aux Persans, aux Chinois accourus sur leurs marchés. Sur les ghats de Bénarès, dans la nuit éclairée par les feux où brûlaient des cadavres, entre les sadhus vêtus d'ornements éclatants et les bicksus presque nus, nous chantions la gloire de Siva, l'immortel destructeur. Nous regardions le soleil se coucher sur le lac Pichola, sur les palais d'Udaipur, sur leurs cours à balcons, sur leurs jardins de rêve, sur leurs oreillers de marbre pour éléphants fatigués. Nous naviguions sur le Mékong, sur le Nil, sur l'Irraouaddi, sur le lac Inlé, en Birmanie, où les pêcheurs manient de la jambe et du pied les longues rames de leurs gondoles parmi les jardins flottants. Nous nous rendions au Mexique, au Pérou, au Brésil. Nous allions nous promener le long de cette côte turque où est né le miracle grec et que j'ai beaucoup aimée.

Au nord de Rhodes et de Symi, l'île grecque prise en tenaille entre deux bandes de terre turque, s'élèvent les grands ensembles spectaculaires de Pergame ou d'Éphèse, de Priène, de Didyme, de Milet, gloire de cette Ionie où se sont développées avec tant d'éclat l'astronomie, la géométrie et la philosophie. Plus au sud, la splendeur de la nature prend le relais de la culture. Couverts d'une végétation épaisse qui dégringole jusqu'à la mer, les contreforts du Taurus tombent presque à pic dans la Méditerranée – appelée *Ak Deniz* par les Turcs d'aujourd'hui. Écrasées de soleil, souvent encombrées de roseaux, longtemps ignorées des touristes qui n'y trouvaient ni routes, ni hôtels, ni ports de plaisance, ni plus tard d'aérodromes, les baies y succèdent aux baies, et les longues plages de sable aux criques enchanteresses où le voyageur éperdu croit voir à chaque instant apparaître Nausicaa, Calypso ou Circé.

Entre l'illustre Halicarnasse qui s'appelle aujourd'hui Bodrum et la triple baie de Phaselis qui plaisait tant à Alexandre le Grand, la plus vaste, la plus belle de ces baies porte le nom de Fethiye. La baie de Fethiye est une mer intérieure semée elle-même d'une foule d'anses successives et d'une quantité de petites îles tapissées de pins maritimes, de chênes verts et d'oliviers. Un peu plus loin vers le sud, ou plutôt vers le sud-est, apparaît une île un peu plus grande où s'élèvent les ruines d'un ancien port byzantin et de vieilles églises chrétiennes que Marie et moi appelions Saint-Nicolas et dont le nom turc est Djemila. Entre l'île et le continent, une sorte de canal ou de bras de mer très calme où nous nous sommes bien souvent arrêtés à bord de notre caïque ou du voilier que nous avions loué. Le soir tombait.

Le jour se levait. Le ciel du jour ou de la nuit brillait de tous ses feux. La mer prenait toutes les couleurs. Un bonheur venu d'ailleurs nous descendait sur le cœur.

Plus loin encore vers le sud, nous arrivions dans une autre baie, fermée par une longue île, qui s'appelait Kekova. Nous allions de merveille en merveille. Un grand château byzantin et chrétien, puis turc et ottoman s'élevait au bord de la mer fermée par l'île. Des ruines de maisons et de chapelles étaient semées un peu partout. Des tombes lyciennes étaient creusées aux flancs des rochers ou surgissaient de la mer. Peut-être était-ce de ces rivages et de ces repaires escarpés que partaient, dans des temps reculés, ces Peuples de la mer qui avaient envahi et terrifié l'Égypte des pharaons.

Entre Fethiye et Kekova, non loin de l'endroit où est née la vieille légende de saint Nicolas, protecteur des enfants et préfiguration de notre Père Noël, se dissimule le port turc de Kas. Kas est une jolie petite ville construite aux abords des ruines d'un théâtre grec ou romain et ornée de grandes tombes lyciennes dressées comme autant d'oratoires ou de chapelles minuscules aux croisements des rues principales qui montent et descendent entre les collines et la mer. On se promène dans Kas parmi les marchands de tapis et de bijoux, les restaurants, les cafés et le long des quais toujours envahis de bateaux. Juste en face de Kas, où flotte le drapeau turc avec son croissant et son étoile d'argent sur fond rouge, à quelques encablures à peine, surgit d'une mer toujours bleue la plus méridionale de toutes les îles de la Grèce : Castellorizo.

Chapitre XXII

*Où l'auteur s'installe à deux reprises, avec des
sentiments divers, un peu au nord de Rhodes.*

Longtemps, j'ai aimé Symi. Et peut-être plus
que tout. J'arrivais de Rhodes par un de ces
bateaux grecs qui sont les autobus de la Méditerranée. La traversée prenait une heure, ou un
peu plus. On débarquait au bout du monde. Il
n'y avait ni hôtels de luxe ni grands restaurants.
Il y avait très peu de touristes. Symi était un port
délicieux dont les maisons grimpaient en désordre
sur les collines sous un soleil implacable. J'y étais
venu pour la première fois peu après le mariage
de Marie avec Pama Karpo dans la chapelle de
Plessis-lez-Vaudreuil. Le bonheur ne m'étouffait
pas. La beauté de l'île me consolait. Je m'étais installé dans la première maison qui m'était tombée
sous les yeux, chez une vieille personne grecque
qui vendait des éponges, des souvenirs pieux,
des vases et des cendriers un peu kitsch, et qui

louait deux chambres où avaient vécu ses parents et ses deux fils qui étaient morts tous les quatre. Le matin, mon Durrell ou mon Oscar Wilde à la main, je descendais les escaliers et les rues qui dégringolaient vers le port et je gagnais en vingt minutes ou en une demi-heure l'une ou l'autre des plages qui entouraient la ville. Le soir, je rentrais dans ma chambre où trônaient des photos des deux fils de mon hôtesse à l'âge de cinq ou six ans ou en habits de soldats. Dans la nuit qui tombait, j'écrivais des lettres à Franz-Olivier Giesbert, en ce temps-là directeur du *Figaro*, pour l'inviter à me rejoindre à Kokona qui était le nom que j'avais donné à Symi dans mes rêves d'exilé. Ces lettres, que j'ai publiées dans un recueil appelé *Odeur du temps*, sont peut-être ce que j'ai écrit de moins mauvais avec un court article paru, vers le milieu des années soixante-dix, à la mort de ma mère. FOG n'est jamais venu me retrouver à Kokona : il était trop occupé à Paris par une élection présidentielle.

Plus tard, je suis retourné à Symi pour être heureux avec Marie. Nous nous sommes installés dans une maison bleue et blanche sur une plage un peu reculée, connue sous le nom de Pedi, où les grelots des chèvres en train de défiler faisaient un bruit de paradis en passant sous nos fenêtres. La plage de Pedi, alors encore isolée et sauvage, s'étendait au fond d'une anse presque entièrement fermée où nous voyions, au loin, passer, le temps d'un éclair, des voiliers pleins de rêves et de grands paquebots illuminés dans la nuit.

La maison de Pedi était flanquée d'une petite cour ou d'une espèce de jardin sans la moindre fleur, mais avec une table de pierre à l'ombre d'un grand arbre. C'est là que j'ai écrit un livre qui allait s'appeler, je ne sais plus, *Dieu, sa vie, son œuvre* – ce qu'il y avait de mieux, c'était le titre – ou *Histoire du Juif errant*. Nous brûlions nos journées entre cette table de pierre et la plage où le soleil tapait très fort. Le soir, en rentrant chez nous, nous passions chez l'épicier, qui faisait aussi fonction de traiteur, acheter du tzatziki ou un poisson qui venait d'être pêché. Un jour, nous nous sommes laissé aller à une mince folie. Nous sommes partis, Marie et moi, sur un bateau de pêcheur où nous dormions en plein air pour une expédition de quelques jours à l'autre bout de l'île où s'élève, souvenir, souvenir, que me veux-tu ? le monastère de Panormitis, lieu saint hautain et un peu secret, le plus vénéré peut-être, avec Patmos, de tout le Dodécanèse.

Chapitre XXIII

Où l'auteur prend un bain de mer avec Marie
au large de la plus méridionale de toutes les îles
de la Grèce.

Très loin au sud de Symi, non plus à quelques minutes de bateau mais à toute une nuit de la grande île de Rhodes, Castellorizo est le dernier souffle de la Grèce aux flancs de la côte turque. C'est un petit port de toutes les couleurs dans une baie, elle aussi, fermée par un îlot. Si gaie avec ses maisons bleues, rouges, ocre ou vertes, Castellorizo est un destin tragique. Peuplée de quelque vingt mille habitants qui vivaient tous de la pêche, la ville a été occupée pendant la dernière guerre par les troupes allemandes qui l'ont transformée en base navale. Bombardée et occupée à leur tour par les Anglais, Castellorizo a été abandonnée, au lendemain de la guerre, par presque tous ses habitants qui n'avaient plus de quoi vivre et qui ont émigré en Australie. Un peu plus de deux mille Grecs, attachés coûte que coûte à leur terre, sont restés sur place et ont relevé les ruines. Le port a repris ses vêtements de fête. Les maisons en collier sont toujours là, si follement colorées, et ne laissant plus rien paraître de leur passé dramatique. Les ombres de la guerre ont laissé la place à la lumière et à la paix. Chantant sa gloire si ronde sous le soleil de l'été, le port de Castellorizo est un des décors les plus gais et les plus enchanteurs de la Méditerranée.

Depuis vingt ans, Marie et moi nous sommes retournés au moins dix fois à Castellorizo. Nous nous sommes liés avec le pope, toujours entouré de filles assez belles, avec la marchande de cartes postales dont le neveu, après de brillantes études à Yale, est avocat à New York, avec plusieurs pêcheurs, avec les patrons des deux restaurants sur le quai qui proposent des langoustes comme chez nous des biftecks. La dernière fois, c'était il y a deux ou trois ans, nous sommes allés nous baigner à dix minutes du port, devant un îlot minuscule où s'élève une chapelle d'une blancheur éblouissante. On voyait la ville au loin, le château qui la domine, quelques arbres en bouquet sur la côte, toute une farandole de rochers qui surgissaient de la mer. Le soleil, je ne vous dis que ça. Tout était bleu, vert et blanc. Le bonheur et la paix.

Nous nagions. Nous étions heureux. Nous nous confondions avec notre corps qui se confondait avec l'eau. Jusqu'à présent au moins, les dragons cruels de notre temps, les héritiers de la peste, de la lèpre, du choléra, de la variole, de la phtisie, nous avaient épargnés : le cancer, le sida, Alzheimer, Parkinson. Nous nagions. Le soleil au-dessus de nous, dont nous savions pourtant qu'il avait eu un début et qu'il aurait une fin, était là pour toujours. Et nous aussi, nous étions là pour toujours puisque nous étions là dans l'instant. Nous étions un fragment éternel de ce monde éternel.

La foudre, tout à coup, me tombait sur la tête : un jour viendrait où il me faudrait quitter cette terre, et l'idée était encore supportable, mais aussi cette mer et cette beauté. J'allais mourir.

IL Y A AU-DESSUS DE NOUS
QUELQUE CHOSE DE SACRÉ

Je suis le chemin, la vérité et la vie.
Jean

Chapitre premier

Où des voix disparues chantent des chansons de marin.

Nous mourrons tous. Et nous vivons. Mais nous ne savons pas pourquoi.

Nous ne savons pas pourquoi nous avons été jetés dans le temps. Et nous ne savons pas ce qui nous attend après notre passage dans ce temps. Rien, peut-être ? C'est possible. Le secret est bien gardé.

La beauté nous éblouit. Nous ne la comprenons pas. Nous cherchons la vérité. Elle ne cesse de nous fuir. Nous avons le droit de croire à autre chose qu'à ce temps et à ce monde, nous avons le droit d'espérer un destin éternel. Nous ne pouvons rien en savoir.

Une phrase célèbre d'Einstein fait l'éloge du mystère. Chacun de nous se débat comme il peut contre les mystères qui l'entourent. Nous nous souvenons de temps en temps de quelques mots murmurés, d'un instant de bonheur, d'un visage, d'une souffrance, d'un tableau dans une église ou dans un musée, d'un temple sur une colline, d'un certain nombre de chiffres inutiles et d'une chanson de marin ou d'une cantate de Bach chantées par des voix disparues ou qui disparaîtront.

Chapitre II

Où je ne fais que passer.

Longtemps, je n'ai pas été là. Et, plus longtemps encore, je ne serai plus là.

C'est une chose étrange à la fin que le monde
Un jour je m'en irai sans en avoir tout dit

Pendant des siècles et des siècles, j'ai été invraisemblable. Et personne ne pouvait me prévoir. Et pendant des siècles et des siècles, je serai oublié. Oh ! encore quelques années, trente ou quarante, allez ! peut-être une centaine dans le meilleur des cas, une poignée de jeunes gens d'aujourd'hui devenus soudain des vieillards et trois ou quatre rats de bibliothèque ou une dizaine de maniaques penchés sur un écran ou quelque chose comme ça prononceront encore d'un air distrait mon nom et celui de Marie. Ce sera comme l'écho d'une musique qui s'éloigne dans la nuit, comme les ondes qui s'effacent peu à peu à la surface d'un ruisseau ou d'un étang où vous auriez jeté une pierre.

Unique. Irremplaçable. Le seul, à jamais, de mon espèce et de mon genre. Et d'une banalité à pleurer. À la façon de milliards d'êtres vivants, de toutes les couleurs et de toutes les tailles, misérables ou très riches, perclus d'honneurs ou de dettes, croyant à Dieu ou à rien, juchés sur des arbres ou réfugiés dans des grottes, installés dans des huttes sur les bords de fleuves ou de lacs, des plumes, des couronnes ou des casques sur la tête, portant des peaux de bêtes, enroulés dans des toges, couverts de cuirasses ou de masques de cuivre, de fer ou d'or, vêtus de longues robes de laine, de coton, de velours ou de soie, de pourpoints, de hauts-de-chausses, de justaucorps, de redingotes, à pied, à cheval, sur des chameaux ou sur des éléphants, à bord de chariots, de diligences, de carrosses, de bateaux à voiles ou à vapeur, de trains, d'automobiles, d'avions, de navettes, de fusées, je serai passé dans ce monde.

Il y a quelques années à peine que, venant d'ailleurs et de nulle part, j'ai soudain débarqué dans cette vallée de roses et de larmes. Et il n'y a pas très longtemps que d'autres, semblables à moi et pourtant différents, m'y ont précédé. Ce qu'était le monde avant moi, je parviens à m'en faire une idée. Ce qu'il était avant les hommes est difficile à imaginer.

Chapitre III

Où, minuscule et gigantesque, le monde, à ses débuts, est le premier des oxymores.

On rêvera longtemps sur ce que pouvait être un univers sans personne, non seulement pour le penser et pour essayer de le comprendre, mais simplement pour le voir, pour l'écouter, pour le sentir, pour le faire vivre. Il n'y avait pas de couleurs puisqu'il n'y avait pas de regard. Il n'y avait aucun son puisqu'il n'y avait pas d'oreilles pour capter des ondes qui se propageaient en vain. Je veux bien croire qu'il y avait quelque chose, mais ce n'était rien puisque c'est nous qui décidons qu'il y a un monde autour de nous.

Depuis quelques années à peine, beaucoup de livres ont été écrits sur ce monde avant les hommes. Sur ses étapes successives. Sur ses premières minutes. Sur ses trois premières secondes et sur les fractions de ces premières secondes où, dès l'origine, s'affrontent et se confondent l'infiniment petit et l'infiniment grand.

Ce qui sera l'univers est alors une pointe d'épingle, un grain de sable, une poussière, une sorte d'éclat quasi virtuel, des milliards de fois plus minuscule que ce que les Grecs et les Romains de l'Antiquité, Épicure, Lucrèce et nos physiciens aujourd'hui ont appelé un atome. La température et la densité de cette inexistence sont infiniment grandes : une température de plusieurs milliards de degrés, une densité des milliards de fois plus élevée que la densité de l'eau. Le monde sort tout entier de ce duel des origines, de cette contradiction fondamentale, de ce premier oxymore.

Chapitre IV

Où le monde a une histoire.

Comment savons-nous que le monde a un début et une fin ? Comment avons-nous découvert qu'il a entre treize et quatorze milliards d'années ? Comment nous faisons-nous une idée de ses tout premiers débuts ? Grâce à la science. Et grâce à la lumière. Parce que l'univers est immense, la lumière transporte du passé. Voir loin dans l'espace, c'est voir loin dans le temps. La Lune nous apparaît telle qu'elle était il y a une seconde. Le Soleil, tel qu'il était il y a huit minutes. Nous pouvons apercevoir dans le ciel des astres – souvent déjà morts – à des milliards d'années de distance. S'appuyant sur la lumière, sur l'observation des galaxies qui s'éloignent les unes des autres, sur une rumeur fossile qui vient de la nuit des temps, la science a découvert un secret bouleversant.

Longtemps, notamment en Grèce, de grands esprits, Aristote en tête, ont cru que l'univers était immobile et éternel. D'autres, en Inde, en Chine, en Égypte, en Mésopotamie, dans les pays scandinaves, en Amérique précolombienne, en Afrique, ont inventé des mythes qui racontaient, sous une forme ou sous une autre, à l'aide de tortues, de fleurs de lotus, d'oiseaux géants, de monstres marins, de potiers divins, les origines du monde. Dans un récit intitulé la Genèse qui ouvre la Torah des juifs et la Bible des chrétiens, un petit peuple appelé à un grand avenir se faisait l'historien d'un Dieu tout-puissant et unique qui créait en cinq jours la lumière, les cieux, les eaux, la terre, les arbres et les étoiles, et le sixième jour, après les animaux, le premier homme et la première femme sous les noms d'Adam et d'Ève.

Avec des théoriciens et des expérimentateurs, avec des mathématiciens et des physiciens, avec Gamow, Friedmann, Lemaître, beaucoup d'autres et surtout Hubble et Einstein – qui avait hésité –, la science moderne tranche une question laissée longtemps ouverte – notamment par Kant : l'univers est-il fini ou infini, immobile ou en mouvement, passager ou éternel ? La réponse est aussi claire que possible : le monde a une histoire. Très loin des légendes des populations primitives. Mais une histoire tout de même. Comme toutes les histoires, l'histoire du monde a un début : une explosion originelle. Et, comme toutes les histoires, elle aura aussi une fin.

Chapitre V

Où le grand roman de la science raconte le grand roman de l'univers.

Cette histoire est la plus grande de toutes les aventures. Le plus grand de tous les romans. Tous les autres et toutes les autres ne sont que des fragments de cette aventure primordiale et de ce roman universel. L'invention du feu et de l'imprimerie, la conquête de la majeure partie du monde connu par Alexandre ou par Gengis Khan, la destruction de Carthage par les Romains, la splendeur et la ruine de Bagdad, la prise de Constantinople par les Turcs, la découverte de l'Amérique et le massacre des Indiens, *Don Quichotte*, *Guerre et Paix*, *À la recherche du temps perdu*, *Hamlet* ou *Macbeth*, *La Joconde*, l'Acropole d'Athènes, le Taj Mahal, le château de Versailles, Plessis-lez-Vaudreuil, mon grand-père, Marie et l'auteur de ces lignes sont des copeaux tombés du grand arbre de la vie.

L'histoire de la pensée scientifique qui découvre

ce formidable roman du monde est un autre roman formidable. Il pousse ses racines sur les bords de l'Euphrate, en Inde, où apparaît le zéro, en Chine, en Égypte, dans le monde musulman qui porte à son sommet l'art de vivre et de mourir et produit tant de savants, d'historiens, de voyageurs, d'astronomes, et surtout en Grèce où, comme chacun sait, naissent, en même temps que le théâtre et la philosophie, la géométrie et la mathématique. Il se développe avec une force irrésistible depuis un peu plus d'un siècle. En moins de cent cinquante ans, la science a bouleversé l'image du monde et des hommes. Pour dire les choses très vite, deux branches de cette science auront joué un rôle décisif : la théorie de la relativité à laquelle est attaché le nom d'Einstein et la théorie quantique à laquelle sont liés les noms de Planck, de Bohr, d'Heisenberg, de beaucoup d'autres. Ces deux théories sont très loin d'être des spéculations abstraites : avec les navettes spatiales, avec le nucléaire, avec la télévision et le numérique, elles exercent l'une et l'autre une influence sur notre vie quotidienne. Elles diffèrent l'une de l'autre sur un point essentiel : la théorie de la relativité concerne l'infiniment grand ; la théorie quantique s'exerce sur l'infiniment petit.

L'origine de l'univers est à la fois infiniment petite et infiniment grande. Il faudrait lui appliquer à la fois la théorie de la relativité et la théorie quantique. Recherchée avec passion, une théorie unificatrice n'a pas encore pu être établie. C'est surtout pour cette raison que les premières fractions de la première seconde de l'univers gardent encore leur mystère. Il y a, au seuil de notre histoire, comme un mur infranchissable. Le début du début s'obstine à nous échapper.

Chapitre VI

Où quelque chose d'obscur s'empare de quelque chose d'impalpable.

Nous savons que d'un éclat minuscule, il y a treize ou quatorze milliards d'années, va surgir peu à peu un espace en expansion. Le temps a-t-il été créé en même temps que l'espace ou est-il là depuis toujours ? La science, qui en sait déjà assez pour nous raconter, sinon jour après jour, du moins millénaire après millénaire, l'histoire de notre monde avant la pensée et avant la vie, est incapable de répondre à cette question. Chacun choisit à son gré, comme il veut, presque au hasard. Avec saint Augustin et quelques autres, j'imaginerais plutôt, mais, franchement, je n'en sais rien, que le temps, inséparable de l'espace, sort du néant avec lui.

Ce qui est sûr, c'est que quelque chose d'obscur s'empare de quelque chose d'impalpable pour en faire surgir Pythagore, Euclide, Alexandre le Grand, l'Empire romain et Paul-Jean Toulet.

Chapitre VII

Où l'invraisemblable se change en banalité.

L'univers à ses débuts est un chaudron d'énergie. De la soupe primitive de particules élémentaires sortent les premiers noyaux d'atomes d'hydrogène et d'hélium. La complexité est en marche. Elle ne s'arrêtera plus. L'invraisemblable va se changer en banalité.

Dès le premier milliard d'années surgissent les galaxies, collections d'étoiles innombrables, de gaz, de poussières, le tout lié par la gravité, et entouré de halos massifs de matière noire dont la nature nous est encore inconnue. Grâce à leur alchimie nucléaire, les étoiles fabriquent les éléments chimiques lourds nécessaires à la vie et sauvent l'univers de la stérilité. C'est d'elles que nous descendons, Marie et moi. Nous sommes les enfants des étoiles. Nous sommes de la poussière d'étoiles, affinée par le temps.

Il faut un théâtre à la vie. Dans notre Voie

lactée, un nuage interstellaire s'effondre pour donner naissance au Soleil et à son cortège de planètes. Parmi elles, la troisième planète à partir du Soleil : cette Terre où nous habitons et où j'écris ces mots.

Chapitre VIII

Où la plus belle histoire du monde est l'histoire de ce monde.

Marie :
— *Tout ce que tu me racontes là, c'est vrai ?*

Moi :
— *Je te raconte ce que j'ai lu et ce que j'ai cru comprendre. Est-ce vrai ? Il semble que oui. Nous descendons des étoiles...*

Marie :
— *Toi et moi ?*

Moi :
— *Toi et moi, et tout le reste. Nous sommes faits de rêves et de nombres. S'il y a une clé de l'univers, elle est mathématique.*

Marie :

— *Tu aimes mieux parler de ce que tu ne comprends pas que d'écouter* Cosi fan tutte, *te promener dans Karnak, te souvenir de ton grand-père, relire tes chers* Mémoires d'outre-tombe *?*

Moi :

— *Mais c'est la même chose ! Nous sommes là pour essayer de découvrir, à travers la beauté, dans la souffrance et dans l'espérance, grâce à notre mémoire qui nous restitue le passé, ce que nous faisons sur cette Terre. Tu sais que le temps m'a toujours fasciné. Chez Proust. Chez Platon. Chez Heidegger. Chez Hawking. Je n'ai pas toujours tout compris. Mais tout m'a toujours ébloui. Je me souviens de Plessis-lez-Vaudreuil, disparu dans le souvenir, de mon grand-père et de Pama, de toi surtout et de Castellorizo. Je remonte plus loin. À Andromaque, à Horace, à Ovide en exil sur les bords de la mer Noire, à Achille dans l'*Iliade, *à Nausicaa dans l'*Odyssée. *Plus loin encore : à l'origine de l'écriture, à l'invention des chiffres, à la conquête du feu. Toujours plus loin : aux primates, aux algues bleues, aux amibes. Et enfin, aux étoiles, nos ancêtres, et au big bang d'où elles sortent. Il me semble souvent être plus proche des premières secondes de l'univers et de la formation du Soleil que de beaucoup de nos livres, de nos films, de nos débats d'aujourd'hui.*

Marie :

— *Plus que savoir, ce que tu aimes, c'est rêver.*

Moi :

— *J'aime rêver. La science ne rêve pas. Mais ce qu'elle découvre est la plus formidable de toutes les matières à rêver. Plus que les livres, plus que les tableaux ou les monuments, plus que les paysages, plus peut-être que l'amour. J'ai rêvé le monde et la science qui tente de le comprendre. J'ai essayé d'écrire le roman de l'univers et, dans ce roman de l'univers, le roman de la science. Je ne suis ni savant ni poète. J'aime les histoires. La plus belle histoire du monde, c'est l'histoire de ce monde qui n'existe que parce que nous le rêvons.*

Chapitre IX

Où deux personnages nouveaux font une entrée
mystérieuse et remarquée sur la scène de l'univers.

En apparence au moins, le monde avant nous ne servait vraiment à rien. C'était un gâchis d'immensité paradoxale, des torrents d'énergie déversés dans l'absence. Il faut attendre longtemps pour qu'il prenne un semblant de sens.

Il y a quelques milliards d'années sur cette planète que nous avons appelée la Terre, s'est passé quelque chose d'aussi imprévisible – qui, d'ailleurs, aurait pu le prévoir ? – et d'aussi stupéfiant que la naissance du tout à partir de rien : l'inanimé, lentement mais tout à coup, s'est changé en animé et la vie a surgi.

Des poussières d'étoiles se sont assemblées sur notre Terre pour donner naissance à l'ancêtre lointain de cette molécule d'acide en forme de double hélice, porteuse d'un grand avenir, que nous avons appelée, d'un nom savant cher à Salvador Dalí, acide désoxyribonucléique – ou ADN. Cette molécule avait dès l'origine une particularité remarquable : elle était capable de se reproduire en se divisant. Un nouveau roman, qui ne relevait plus de la physique mathématique mais de la biologie, était sur le point de s'écrire. Un nouveau train d'événements où germait quelque chose d'inouï qui deviendrait l'individu était lancé sur le monde. Comme le train du temps avant lui, ce train-là non plus ne s'arrêterait plus.

Trois millions d'années à peine plus tard, une paille, un éclair, un nouveau personnage fait son entrée sur la scène de notre monde : une cellule sans noyau entourée d'une membrane. C'est la première bactérie, ancêtre commun de toutes les créatures vivantes et des sept milliards d'êtres humains qui se pressent aujourd'hui à la surface de notre globe.

Chapitre X

Où la vie marine se lance à la conquête des terres et où les fleurs se changent en fruits.

Entre la première bactérie, notre aïeule vénérée, et nous, les mutations génétiques et la sélection naturelle mènent un jeu d'enfer et de providence. Tout se met à la fois à bouger et à durer. Baptisées plus tard par les hommes, eux-mêmes fruits lointains du processus en train de se dérouler et artisans patients de sa résurrection, de lentes périodes se succèdent : le Cambrien, le Carbonifère, le Trias, le Jurassique ou le Crétacé. Comme dans un film d'horreur et de jubilation, nous voyons passer les premiers végétaux pluricellulaires, les algues bleues et vertes, les varechs marins.

Les premiers animaux apparaissent dans les eaux. Matière mystérieuse et fluide, capable de prendre toutes les formes, plutôt rare dans l'univers, l'eau est soudain partout sur la Terre. Autant que l'air, elle est nécessaire à la vie. Et la vie y prospère. D'abord les invertébrés : les ancêtres des éponges, des méduses, des anémones de mer, des coraux. Puis les trilobites – qui nous ont quittés depuis longtemps –, les vers et les premiers insectes. Certains de ces animaux marins, tels les anciens mollusques, lancent une mode nouvelle sous la forme d'une carapace. Les premiers vertébrés – qui intégreront à l'intérieur, sous le nom de squelette, l'ancienne carapace formée à l'extérieur – passent le bout de leur nez dans l'eau sous le Soleil qui brille. Il y a cinq cents millions d'années apparaissent les poissons chez qui une colonne vertébrale protège le tube fragile qui distribue les signaux entre le cerveau et le corps. Mon grand-père et Marie ne sont déjà plus très loin.

Bientôt la vie se lance à l'assaut des étendues de pierre. Certaines algues marines quittent les eaux pour la terre ferme. Les continents en formation se couvrent de marais tropicaux. Des plantes grandissent en taille et en force, acquièrent un tronc et donnent au monde étonné ce prodige que sont les arbres. Bénédiction. Malédiction. Notre charbon et notre pétrole sont issus de leurs restes fossiles.

Tiens ! voilà des êtres encore nouveaux dans nos vertes prairies et dans nos forêts primitives : des oiseaux, des chauves-souris, toute une foule d'insectes chargés de participer au grand jeu de la pollinisation. Les formes et les couleurs explosent. Les fleurs, bonheur inouï, vont se changer en fruits.

Chapitre XI

Où la gloire et la chute des dinosaures chantés par Katharine Hepburn annoncent déjà de loin la conquête de la Lune.

Il y a deux cents millions d'années, un certain nombre de poissons deviennent amphibies : ils sont capables de vivre à la fois dans l'eau et sur la terre. Leurs nageoires se changent en pattes et ils acquièrent des poumons. Naissent les ancêtres des grenouilles, des crapauds, des lézards, des serpents. Et les formidables dinosaures qui vont régner sur la Terre pendant cent cinquante millions d'années. Voir le Jardin des Plantes à Paris et *L'Impossible M. Bébé* avec Cary Grant et Katharine Hepburn.

Après leur long triomphe, les dinosaures disparaissent d'un seul coup, il y a soixante-cinq millions d'années, dans une catastrophe cosmique due sans doute à la chute sur notre planète d'un astéroïde meurtrier qui élimine les trois quarts de la vie sur notre Terre.

Malédiction. Bénédiction. La fin des dinosaures marque le triomphe des mammifères. Modestes, de petite taille, de la dimension de nos rongeurs, vivant encore à ras de terre, se nourrissant de grains, de fruits, de noix, ils survivent au plus grand drame de l'histoire de la vie. La disparition des géants qui les tyrannisaient leur permet de se développer. Ils se multiplient grâce à une invention foudroyante qui n'a pas fini de faire parler d'elle et qui ne cesse de nous occuper : la sexualité. Ils prospèrent. Ils grandissent. Encore quelques millions d'années, et voici déjà tout le cercle des figures familières : les ancêtres des buffles, des rhinocéros, des hippopotames, des girafes et des éléphants. Des gazelles et des lions. Bientôt de nos chats, de nos chiens, de nos chevaux. Mais surtout des nouveaux venus qui, il y a cinq ou six millions d'années, sont déjà un peu de nous : les primates et les singes.

Les premiers êtres quasi humains se mettent à marcher debout en Afrique. Ils cessent de grimper aux arbres. Ils commencent à se servir d'outils il y a deux millions d'années. Ils versent des larmes quand ils souffrent. Il leur arrive de rire, de sourire, de siffler, de chanter. Ils se mettent à bouger, à sortir de chez eux, à s'en aller ailleurs. Il y a deux cent mille ans, quelque chose de très étrange leur tombe lentement dessus : des souvenirs, des sentiments, des idées sur le monde et des projets pour l'avenir. Il y a quelque cent mille ans, les premiers hommes quittent l'Afrique pour des voyages d'un romanesque inouï qui s'étendent sur des siècles. Ils sont d'abord très peu nombreux : quelques milliers peut-être. Ils se multiplient. Ils se répandent un peu partout. Ils peuplent lentement le reste de la planète. Il y a quarante mille ans, sous forme de dessins dans des grottes un peu partout, ils inventent quelque chose entre magie et art. Il y a dix mille ans, ils inventent l'agriculture. Il y a cinq mille ans ou un peu moins, ils inventent la roue, l'écriture, les villes, le Dieu unique. Il y a cinquante ans, ils débarquent sur la Lune.

Chapitre XII

Où l'histoire de l'univers est un jeu d'enfer à tous les coups gagnant.

Marie :
— *Ah ! bravo ! Épatant !*

Moi :
— *Ce qui est épatant, ce sont les hommes. Et, au-delà des hommes, la vie. Et, au-delà de la vie, tout ce qui y mène, lentement, peu à peu, presque irrésistiblement, depuis treize ou quatorze milliards d'années que ceux auxquels je dois tout, de Thalès à Trinh Xuan Thuan, ont arrachées à un passé évanoui.*

Marie :
— *L'histoire du monde aurait-elle pu être différente de celle qui a conduit jusqu'à nous ?*

Moi :
— *Encore un mystère. Est-ce que le passé aurait*

pu être autre que ce qu'il a été ? Des origines à la naissance de la première bactérie et, bien sûr, au-delà, avec la vie et les hommes, l'histoire du monde est pleine de hasards qui auraient pu ne pas se produire. Le plus frappant est qu'ils ont eu lieu et qu'ils ont mené jusqu'à nous. On dirait du cosmos que c'est une table de jeu d'enfer où tous les coups sont gagnants. Tout le monde connaît la lettre célèbre d'Einstein : « Dieu ne joue pas aux dés. » Justement, il y joue. Mais il gagne à tous les coups. Ah ! bien sûr, il y a des impasses, des retours en arrière, des déluges, des glaciations, mais tout repart toujours de plus belle. De l'animé finit par succéder à l'inanimé. La vie apparaît. Et elle triomphe. On dirait que le monde l'attendait. À aucun moment, ce qu'on peut – à la rigueur, à l'extrême rigueur – appeler le « progrès » ne s'inverse en catastrophe. Ou, s'il y a des catastrophes, elles s'inversent en bonheurs. Ce qu'il y a de plus remarquable dans l'histoire de l'univers, c'est que les malédictions ne tardent jamais beaucoup à se changer en bénédictions.

D'innombrables fois, l'univers aurait pu éclater, tomber en charpie, disparaître à jamais. Il a toujours survécu. À Dieu – s'il existe –, dans les drames, dans la misère, dans le désespoir, on aurait envie de crier : « Surtout, ne changez rien ! »

Chapitre XIII

Où les cartes sont jetées sur la table.

L'accumulation des hasards dans la nécessité de l'histoire est une des clés de l'affaire. Origine et condition des lois auxquelles nous sommes soumis, la nécessité n'est faite que de hasards. Et ces hasards produisent une nécessité rigoureuse : rien n'est plus nécessaire que la réalité.

La vie naît d'un hasard dans un coin reculé du cosmos. Sur le modèle de la gloire et de la chute des dinosaures, la gloire et la chute de Plessis-lez-Vaudreuil étaient le fruit du hasard. Pama Karpo, surgi des neiges éternelles et des rhododendrons de l'Himalaya, ma rencontre avec Marie rue du Vieux-Colombier, la découverte à Rome de l'oratoire de San Giovanni a Porta Latina avec son inscription en français étaient le fruit du hasard. On m'assure que mon cœur, mon foie, mes yeux et mes oreilles, mes mains et mes pieds, mes reins, mon appareil urinaire et génital, ma mémoire et ma pensée, avec leurs systèmes si affreusement compliqués et dont chacun, à lui tout seul, est un monde aussi immense dans l'infiniment petit que le firmament au-dessus de nous dans l'infiniment grand, sont le fruit du hasard. Passagères et nécessaires, inutiles et à jamais inscrites dans une histoire condamnée, ma vie entière, et la vôtre, sont le fruit du hasard.

Autant le dire tout de suite et sans fard. Jetons les cartes sur la table. C'est l'accumulation de ces hasards, allant tous dans un même sens, se soutenant les uns les autres, évitant l'effondrement, se jouant des obstacles, des culs-de-sac, des contradictions, jonglant avec les échecs, collectionnant les succès, qui m'a poussé à écrire ce livre qui s'ouvre sur mon grand-père et qui s'achève dans les étoiles.

Chapitre XIV

Où le hasard finit par se confondre avec la nécessité.

Pourquoi la Lune ne s'écrase-t-elle pas sur la Terre ? Comment la vie est-elle possible sur la troisième planète à partir de notre Soleil ? Par quel miracle êtes-vous en train de lire ce que je suis en train d'écrire par un autre miracle ? Parce que tout dans l'univers est réglé, au millimètre près, avec une rigueur stupéfiante. Le moindre écart dans la température, dans la densité, dans la gravité, la déviation la plus mince dans les lois de la physique ou de la génétique, une seule exception dans la marche des étoiles – et, élevé avec patience et avec obstination depuis des milliards d'années, tout l'édifice de l'univers et de la vie est par terre. Une nécessité d'airain tient debout et le monde et nous-mêmes. Et, ne demandez ni comment ni pourquoi mais soyez-en convaincus, cette nécessité et cette rigueur sortent armées de pied en cap d'une série ininterrompue et confondante de hasards qui auraient pu ne pas se produire. En apparence aux antipodes de la nécessité, le hasard finit par se confondre avec elle.

Chapitre XV

Où l'histoire, si imprévisible dans l'avenir, apparaît, dans le passé, d'une implacable nécessité.

Avant le surgissement des hommes, les événements se succèdent, sous le seul regard de Dieu – refrain : s'il existe –, dans la nécessité la plus pure et à coups de hasards. L'arrivée des hommes est un coup de théâtre. Ils sont libres, ils sont puissants, ils changent le cours des choses. Jusqu'à quel point le transforment-ils grâce à leur liberté et à leurs initiatives ?

La théorie quantique nous apprend qu'au niveau de l'infiniment petit règne une incertitude qui n'empêche en aucune façon le jeu des lois du déterminisme à l'échelle de la vie quotidienne. On peut se demander si, au regard de l'immensité de l'univers et de son histoire, les hommes, tellement perturbateurs en apparence de l'ordre des choses, ne se comportent pas, en fin de compte, comme les particules dans l'infiniment petit.

Chacun d'entre nous est libre de croire à Dieu ou non, d'aller à droite ou à gauche, de continuer à avancer ou de revenir en arrière, de franchir ou de ne pas franchir, le premier dimanche de juin, le canal de Suez ou le détroit de Gibraltar, le pont de la Concorde ou le Golden Gate. L'incertitude règne au niveau des individus dont les comportements sont imprévisibles comme ceux des particules dans l'infiniment petit. Mais le nombre des personnes qui auront choisi, ce dimanche-là, entre six heures du matin et minuit, d'entreprendre la traversée du canal, du détroit ou du pont peut être calculé. Au-delà de l'indétermination des particules et de la liberté des individus, il y a comme un déterminisme statistique de la totalité. Chacun de nous est libre, chacun de nous est une source d'incertitude, mais l'histoire avance selon des lois qui apparaissent imprévisibles dans l'avenir et nécessaires dans le passé.

La pensée et l'imagination des hommes sont un formidable accélérateur de l'histoire. Mais, après les hommes comme avant, le mécanisme reste toujours le même : du jeu des hasards et des libertés sort l'implacable nécessité.

Chapitre XVI

Où il y a au-dessus de nous quelque chose de sacré.

L'accumulation des hasards, l'œil qui me permet de voir, l'oreille qui me permet d'entendre, la complexité inouïe et si banale de mon corps et de l'univers, la nécessité issue de tant d'invraisemblances, la rigueur du réglage de l'univers, les miracles de la lumière et de la mémoire qui ressuscitent le passé, l'avenir qui n'est nulle part avant de tout envahir et de se changer en souvenir, ma capacité et mon impossibilité à comprendre le monde autour de moi, et peut-être surtout ce temps dont personne ne sait rien, qui ne relève pas de l'évolution et qui finit par apparaître comme la signature sur le monde d'une puissance inconnue, tout cela m'incite à croire qu'il y a au-dessus de moi quelque chose de plus grand, de caché et de sacré qui est à l'origine de notre tout et que nous pouvons appeler Dieu.

Chapitre XVII

Où il faut tâcher d'être heureux.

Dieu est invraisemblable. Nous aussi. Le temps est invraisemblable. La lumière est invraisemblable. La vie est invraisemblable. Et tout ce qu'on peut essayer de mettre à la place de Dieu et pour éviter Dieu – une éternité aveugle, une avalanche de hasards heureux et sans liens entre eux, une succession en accordéon de big bangs et de big crunchs, une infinité de multivers dont nous ne serions qu'un exemplaire... – est invraisemblable aussi. Le mystère est notre lot. Par respect, par gratitude, pour tâcher d'éviter l'absurde et le désespoir, pour essayer d'être heureux, je choisis de l'appeler Dieu.

Chapitre XVIII

Où Dieu est aux hommes ce que l'éternité est au temps et où il se camoufle en hasard pour se promener incognito dans le monde.

On ne peut rien dire de Dieu. Je vois Dieu comme un esprit qui serait à l'intelligence des hommes ce que l'éternité est au temps. C'est-à-dire radicalement autre chose. Parler de Dieu devrait être interdit plus sévèrement que le parricide, l'inceste, la violence gratuite. Nous qui vivons dans l'espace et dans le temps, nous ne pouvons rien prêter à Dieu qui est hors de l'espace et du temps et qui se déguise en hasard et en nécessité pour se promener incognito parmi nous dans le monde. Nous n'avons pas le droit de le faire parler pour servir nos passions et nos intérêts. Dieu est absence. Dieu est silence. La seule idée que nous puissions nous faire de lui, dans notre misère d'ici-bas, c'est sa création, ce sont les autres hommes. Le génie du christianisme est dans l'amour – sans limites et qui va jusqu'à la mort – de Jésus pour les hommes.

Chapitre XIX

Où il est établi que le monde se passera des hommes demain comme il s'est passé des hommes hier.

L'évidence – pour moi – ou la quasi-évidence qu'il y ait au-dessus de nous quelque chose d'inconnu et de sacré qui constitue comme l'origine et le garant de ce rêve délicieux et cruel que nous appelons réalité est très loin de régler toutes les questions que nous pouvons nous poser sur notre destin obscur. Le plus aigu de ces problèmes, celui qui est le plus étranger à toute métaphysique fumeuse et qui nous touche de plus près, c'est notre disparition.

La mort est une des rares choses dont nous soyons certains. À vrai dire, tant que nous sommes jeunes et en bonne santé, tant que nous ne souffrons pas trop, nous ne savons pas que nous allons mourir. Ou si nous le savons, nous nous hâtons de l'oublier. Nous ne nous en préoccupons pas.

Par une grâce du ciel, nous ne cessons jamais de penser à autre chose et à nous divertir de la mort. Nous nous doutons vaguement d'une catastrophe finale pour une simple raison : tous les hommes sont toujours morts. Même Dieu, quand il choisit de se faire homme, est frappé par la mort. Tout ce qui existe dans le temps finit toujours par disparaître.

C'est vrai pour chacun de nous. C'est vrai aussi pour l'espèce humaine. Les hommes ont apparu il y a quelques centaines de milliers d'années. Ils disparaîtront. Ils constituent sans doute un sommet de la vie. Les grands dinosaures aussi ont été un sommet de la vie. Ils ont duré cent cinquante millions d'années. Nous durerons peut-être autant qu'eux. Peut-être moins ? Peut-être un peu plus ? Mais nous disparaîtrons. Le monde a poursuivi dans le passé sa longue carrière sans nous. Il poursuivra dans l'avenir – pas toujours, mais longtemps – sa longue carrière sans nous.

Comment finirons-nous ? Lentement, progressivement ? Écrasés par les robots que nous aurons inventés ? Ou changés nous-mêmes en robots couverts de puces implantées sous notre peau ? Ou tout à coup par une subite catastrophe ? Due peut-être à la nature ou peut-être à nous-mêmes ? Personne ne peut le savoir. Mais nous finirons. Il y a eu un monde sans les hommes. Il y aura un monde sans les hommes.

Chapitre XX

Où l'idée si consolante d'une âme immortelle est mise en doute par la science.

Qui a bien pu inventer cette étrange aventure ? Si c'est le hasard, il est fort et drôlement organisé. Si c'est Dieu, il n'est pas seulement tout-puissant, ce qui est la moindre des choses, mais d'une subtilité et d'une ironie capables de nous faire sécher sur pied de terreur. Nous sortons du ventre d'un de ces êtres vivants qui nous a servi de mère, nous assistons sur une planète quelque part dans la Voie lactée à un nombre limité de ballets autour de notre Soleil que nous appelons les jours, les mois, les saisons, les années, et puis nous laissons tomber en poussière cet amas de chair et d'os que nous avons habité sous le nom de notre corps.

L'idée que notre naissance est une condamnation à mort est difficile à supporter. Aussi les hommes ont-ils imaginé comme une solution de rechange. Ils se sont mis en tête qu'une espèce de seconde vie, mais cette fois éternelle, sans dettes, sans souffrances, sans problèmes de logement, sans chagrins d'amour, pourrait succéder à la première, en train de passer si vite. Les religions servent à ça : donner l'espoir que tout ne sera pas fini après notre fin inévitable. Et imposer du même coup, par un système de punitions et de récompenses dans l'autre monde, une morale collective à l'humanité. Car il n'y a de morale que s'il y a une transcendance. Quelque chose qui vient d'en haut et de plus loin que nous. Si Dieu n'existe pas, tout est permis.

L'Olympe, la résurrection de la chair, le paradis d'Allah avec ses houris et ses ruisseaux de miel, la compagnie d'Aton, d'Amaterasu, d'Ahura Mazda, de Wotan, le dieu borgne du Walhalla avec ses Walkyries et son cheval à huit jambes, de Quetzalcoatl, le Serpent à plumes, et de tant d'autres sont les réponses différentes et semblables apportées par l'espérance et l'imagination métaphysique à notre angoisse devant la mort. Il semble pourtant que même les croyants les plus déterminés éprouvent des doutes devant les perspectives si consolantes de l'au-delà. Les esprits les plus religieux pleurent la mort de ceux qu'ils aiment. Si vous croyez à un autre monde et que vous vous êtes conduit à peu près convenablement dans ce monde-ci, la seule attitude en face de la mort devrait être l'allégresse. Refusant de se la donner par leur propre volonté, les chrétiens des temps révolus attendaient la mort avec impatience. Ils allaient à son devant comme les partisans du Vieux de la montagne d'hier, dans sa forteresse d'Alamut, comme les feddayin fanatiques d'aujourd'hui. Ils allaient jusqu'à vouloir souffrir pour être plus assurés de leur destin d'éternité. Le rêve de beaucoup d'entre nous aujourd'hui est une mort subite et sans souffrances. Mon arrière-grand-mère récitait encore une prière pour éviter cette mort subite et mieux se préparer à paraître devant son Créateur.

C'est Darwin, vous vous en souvenez, qui porte un coup funeste à la vie éternelle. Si Dieu crée l'homme et la femme sous les noms d'Adam et d'Ève à partir de rien, il est possible et presque naturel de prévoir un destin d'éternité pour ces enfants de Dieu. En revanche, si une chaîne ininterrompue court des étoiles aux hommes, à quel moment une âme éternelle pourrait-elle être introduite dans le cycle de l'évolution ? Si les singes sont les cousins des hommes, pourquoi et comment les hommes pourraient-ils avoir en eux quelque chose d'immortel que les singes n'auraient pas ? L'évolution sonne le glas de cette âme éternelle que Dieu, dès l'origine, aurait placée en nous et que chantaient les poètes :

J'enfouis ce trésor dans mon âme immortelle
Et je l'emporte à Dieu.

Chapitre XXI

Où rien de ce qui a été ne pourra jamais s'effacer.

Marie :
— *Quelle tristesse ! Tu es fou. Tu es idiot. Tu n'es pas bon à grand-chose. Mais je t'aime. J'aurais voulu rester avec toi pour l'éternité. Voilà que tu jettes un doute sur cette dernière espérance. Tout ce que tu m'offres, c'est le néant.*

Moi :
— *Nous ne savons pas ce qu'est Dieu. Nous ne savons pas ce qu'est l'éternité. Nous ne savons pas ce qu'est le néant. Il n'est pas impossible que le néant n'existe pas. Il est possible que Dieu soit et que le néant ne soit pas.*

Marie :
— *Je ne comprends pas grand-chose à ce que tu me dis. Tout ce que je vois, c'est qu'il n'y a*

rien à attendre de quelque forme de survie que ce soit.

Moi :
— *Tu as raison. Survivre à la mort est une illusion. La mort met un terme à la vie. Mais il y a peut-être autre chose que la vie.*

Marie :
— *Sans toi ?*

Moi :
— *Je ne sais pas.*

Marie :
— *Ah ! oui, je sais : tu ne sais jamais rien.*

Moi :
— *Je t'aime dans le temps. Je t'aimerai jusqu'au bout du temps. Et quand le temps sera écoulé, alors, je t'aurai aimée. Et rien de cet amour, comme rien de ce qui a été, ne pourra jamais être effacé.*

Chapitre XXII

Où l'homme est une sorte de Dieu puisqu'il est capable de créer.

Dieu, s'il existe, ou un hasard inspiré, a créé le ciel et la Terre. Nous, nous avons écrit *Don Giovanni* et *Phèdre* et *La Divine Comédie*. Nous avons peint des courtisanes et des duchesses ou les horreurs de la guerre. Nous avons chanté *La Belle Hélène* ou *Le Temps des cerises*. Chacun de nous est un fragment de quelque chose qui le dépasse et, par une espèce de miracle, il est permis à chacun de nous d'inventer à son tour quelque chose qui le dépasse et qui peut lui survivre.

Nous inventons des objets, des pyramides, des temples, des maisons, des jardins, des ponts, des routes dans les montagnes ou à travers les déserts, des palais, des escaliers, des statues de marbre ou de bois, des tragédies classiques, des odes et des sonnets, des messes, des opéras, des symphonies, des concertos, des romans, des sculptures, des peintures qui représentent des tournesols ou des nymphéas, des saints, des vierges, des mendiants, de grands seigneurs ou des pommes, parfois des ronds, des traits, des éclairs, des couleurs, des taches, des idées et parfois rien du tout. Parce que la mode, la vanité, l'ambition, l'intérêt, la médiocrité, la sottise et la bassesse sont souvent difficiles à discerner du talent, ces inventions sont inégales. Elles ne sont pas toujours réussies. Beaucoup sont naïves et modestes. Beaucoup sont oubliées. Quelques-unes durent longtemps et l'admiration qu'elles suscitent se transmet d'âge en âge. Toutes manifestent chez ces créatures changées soudain en créateurs que nous appelons les hommes quelque chose de divin. Elles seules sont capables de fournir quelque chose comme un sens à notre absurde aventure et de nous rendre heureux.

Une poignée de vers lumineux, qui sont de La Fontaine dont la légèreté l'a emporté sur le temps et dont tous les enfants connaissent les fables peuplées de renards, de cigognes, de corbeaux et de loups, suffisent à donner une idée de ce domaine immense où le génie des hommes les transporte aussi près que possible de la grandeur et du charme de leurs rêves :

Volupté, volupté qui fut jadis maîtresse
Du plus bel esprit de la Grèce,

Ne me dédaigne pas, viens-t'en loger chez moi.
Tu n'y seras pas sans emploi.
J'aime le jeu, l'amour, les livres, la musique,
La ville et la campagne, enfin tout. Il n'est rien
Qui ne me soit souverain bien
Jusqu'au sombre plaisir d'un cœur mélancolique.

Jusqu'au sombre plaisir d'un cœur mélancolique... Tout est bon, le chagrin comme le plaisir, pour enchanter le monde autour de nous. Les hommes, selon leurs croyances, témoignent de Dieu ou de leur dignité en s'élevant au-dessus d'eux-mêmes. Ils l'emportent sur le malheur transformé en grandeur comme ils l'emportent aussi sur des plaisirs qu'ils transforment en beauté. J'écris pour toi, Marie, *Un jour je m'en irai sans en avoir tout dit.*

Chapitre XXIII

Où Marie verse quelques larmes.

Marie :

— *Tu t'es donné beaucoup de mal, mon cher amour, pour aboutir à bien peu de chose. J'ai été enchantée d'apprendre que la lumière transportait du passé à la vitesse record de trois cent mille kilomètres à la seconde, que cette vie que nous avons tant aimée nous venait des étoiles, que notre vieux Soleil qui nous éclaire et nous chauffe était parvenu à peu près au milieu de son âge et que, capables de choses si grandes, si charmantes et si gaies, les hommes n'étaient pas là pour toujours. Tout ça me fait une belle jambe. Tout ça, franchement, m'est un peu égal. Ce que je voulais savoir, je ne le sais toujours pas. Ce qui va nous arriver, et à toi et à moi, dans quelques années à peine, ou peut-être même demain, quand le temps sera écoulé de notre passage sur cette terre, m'est toujours aussi obscur.*

Je t'ai souvent entendu dire que tu souhaitais écrire des livres qui changent la vie des gens. Tu n'as pas changé grand-chose à la fragilité passagère et si affreusement menacée de mon amour pour toi.

Moi :

— *Le temps passe. Il nous arrache tout ce que nous avons aimé : Plessis-lez-Vaudreuil, mon grand-père, le doyen Mouchoux qui croquait des noix entières, M. Machavoine qui venait remonter nos horloges, nos courses à bicyclette dans les forêts de la Haute-Sarthe, notre rencontre inattendue dans la rue du Vieux-Colombier, nos promenades à Otrante et à Ascoli-Piceno, nos bains de mer dans la baie de Fethiye et à Castellorizo, le catéchisme de notre enfance pour les uns, l'In*ternationale *chantée à gorge déployée pour les autres, la grande place occupée jadis par le français dans le monde pour nous tous. Et, pour finir, il nous tue.*

Marie :

— *Oui... Il me tue. La vie avec toi a été merveilleuse. Nous nous sommes beaucoup amusés. Nous avons beaucoup ri. Nous avons vu et lu et écouté des choses qui étaient belles et qui nous ont émus. Nous avons été heureux ensemble. Et puis, voilà : cette vie est un échec. Elle n'a pas de sens. Elle est absurde. Nous nous sommes rencontrés, nous nous sommes aimés – et nous allons être séparés pour toujours et disparaître dans le néant. Je suis déjà morte puisque je vais mourir. Mourir m'est indifférent. Mais comme pour la femme de Darwin dont j'ai oublié le prénom...*

Moi :
— *Elle s'appelait Emma, je crois...*

Marie :
— *... ce qui m'est insupportable, c'est l'idée de ne plus te voir, de ne plus te parler, de ne plus t'écouter. Jamais plus. Jamais plus. Un voile noir tombe sur ma vie. Sur ce qui me reste à vivre. Je crois que, comme Emma, je vais verser quelques larmes.*
(Elle pleure.)

Moi (la prenant dans mes bras) :
— *Ne pleure pas, mon cher amour. S'il y a une chose que je veux – et peut-être que je sais – faire plutôt mieux que les autres, c'est t'empêcher de pleurer. Nous mourrons. Je ne crois à presque rien ou peut-être à rien du tout...*

Marie :
— *Je sais tout ça. Ne retourne pas le couteau dans la plaie.*

Moi :

— ... *mais, puisque je crois en Dieu, je crois aussi à autre chose qu'à cette parenthèse magnifique et risible dont nous faisons si grand cas et que nous appelons la vie.*

Chapitre XXIV

Comme un chant d'espérance

Je ne crois après la mort ni à une âme immortelle qui survivrait au corps, ni à la résurrection
de la chair, ni à une vie éternelle semblable à
cette vie-ci qui se déroule dans le temps. Je crois
à Dieu. Je ne crois à rien d'autre. Je crois qu'il
n'y a de vérité et de justice qu'en Dieu. Je crois
qu'il n'y a de réalité qu'en Dieu. Je crois que ce
que nous appelons réalité est une sorte de rêve
solide, cohérent, continu, passager et fragile, lié à
l'espace et au temps. Comme la scène d'un théâtre
dont nous serions les acteurs, où nous entrerions
en naissant et d'où nous sortirions en mourant. Je
crois que le temps, mêlé à l'espace, est une bulle
dont nous sommes prisonniers. Une parenthèse
dans l'éternité.

Je crois que la mort est le but et le sommet
d'une vie dont elle marque le retour à l'éternité
primitive. Je crois que la vie est une aventure,

une crise, un paradoxe et une ironie. Je crois que la mort est une victoire camouflée en défaite et le seuil à franchir pour entrer dans une justice et une vérité dont nous ne poursuivons ici-bas que les ombres.

J'ai aimé la vie qui est une épreuve très cruelle et très gaie. J'ai aimé son orgueil qui est absurde, sa beauté qui est un don de Dieu, le rire qui est le propre de l'homme, le mystère qui est notre lot. J'attends la mort sans impatience, mais avec une humble confiance. Parce que je crois qu'il y a un Dieu qui est un Dieu de pardon et d'amour.

Je crois que Dieu est un Dieu d'amour et que l'amour, qui peut porter d'autres noms, est la clé secrète et le ciment de l'univers. Je crois qu'il est interdit et d'ailleurs impossible de rien faire dire à un Dieu dont la présence n'est qu'absence et qui a passé dans le temps ses pouvoirs à une créature seule capable de penser ou d'essayer de penser un monde dont elle n'est qu'un fragment minuscule, passager, contradictoire et immense.

Je crois que tous les hommes sont frères et qu'un fil continu court à travers la vie et toutes les créatures. Je crois que les hommes sont beaucoup plus que des hommes et qu'un lien mystérieux unit le temps à l'éternité. Je crois que les hommes sont capables de se faire une idée, imparfaite naturellement, non seulement du monde mais de Dieu. Je crois que le corps est une machine à créer de l'esprit.

J'ai été élevé dans la religion catholique, apostolique et romaine que je respecte et admire. J'espère mourir dans son sein, si elle veut encore de moi.

Je crois que la religion catholique a été un moment de la vérité du monde. Ce moment est très bref. Pendant des milliers et des milliers de millénaires, l'univers s'est passé sans trop de mal de la religion catholique. Je ne suis pas très sûr que le Vatican soit une institution éternelle. Je crois que le message d'amour du Christ Jésus est un trésor pour toujours et que des hommes et des femmes ne cesseront jamais de se réunir, en public, en privé, ou peut-être en secret, pour célébrer ensemble sa venue parmi nous.

Je ne crois ni aux grandeurs d'établissement, ni à nos fameuses valeurs, plus creuses que des cymbales et qui ne sont rien d'autre que les cache-misère de Dieu, ni à un succès ni à un échec dont nous ne sommes pas les juges, ni à la gloire dont j'ai pitié, ni aux bassesses de l'argent, des honneurs, de l'inégalité entre ces particules que nous appelons des créatures. J'ai aimé le bonheur et le plaisir qui est la petite monnaie jetée sur le spectacle du monde par la bonté de Dieu.

Je suis français par hasard. Je suis heureux de l'être. Plus heureux encore d'être un homme. Plus heureux encore d'être en vie dans ce monde parmi les abeilles, les ânes, les éléphants, les oliviers et les chats dont je me sens si proche. Avec ses fleuves et ses villes où il est encore possible de vivre, avec son vin et son Périgord, avec la Provence et la Corse que j'ai beaucoup aimées, avec, je ne sais pas, le Béarn ou l'Alsace, la Savoie, la Touraine, la France est belle. L'Italie aussi est belle. Et tout le reste.

La parole est un miracle. La langue française a joué un grand rôle dans l'histoire si courte des hommes. Je m'en sers avec fierté, avec gaieté, avec une ombre de mélancolie.

Marie, je t'ai aimée. Nous nous souvenons tous les deux de notre longue vie passée ensemble. C'est ce qui me reste de mieux de mon passage dans le temps. Aussi longtemps que nous vivrons, nous nous souviendrons de cette kyrielle si longuement balbutiée : Plessis-lez-Vaudreuil et Sosthène, mon grand-père, les jardins de Ravello, les tableaux de Carpaccio ou de Piero della Francesca, le sommeil de Constantin à Arezzo et celui de sainte Ursule à l'Académie de Venise, le lac d'Udaipur, le monastère de Ganagobie, près de Lurs, entre Manosque et Sisteron, une soirée au Schloss Fuschl, près de Salzbourg, une descente à ski avec Marcel dans ces vallées de la Maurienne qui s'ouvrent sur l'Italie, le silence et la rumeur d'Ortygie à Syracuse, la Casa Palopo sur le lac Atitlan, Kathleen Ferrier chantant *La Passion selon saint Matthieu* de Bach, Elisabeth Schwarzkopf dans *Les Noces de Figaro*, quelques instants avec Karajan, avec Barenboïm, avec Claudio Abbado, l'andante, mon Dieu ! y a-t-il quelque chose de plus beau ? du

Concerto n° 21 de Mozart, le livre XI des *Confessions* de saint Augustin, le baron de Charlus dans la *Recherche* et la mort de Rubempré à la fin de *Splendeurs et misères des courtisanes*, la mort d'Anna Karénine et celle du prince André, Gene Tierney dans *Laura* ou dans *Le Rêve de Mrs Muir*, Ava Gardner dans *Pandora* qui était un navet, Rita Hayworth dans *Gilda*, Ingrid Bergman un peu partout, Robert Redford lavant les cheveux de Meryl Streep dans *Out of Africa* et Meryl Streep murmurant à Redford quand ils dansent tous les deux sous la lune : « À partir de maintenant, tout ce que vous me direz, je le croirai. »

Tant que je vivrai, Marie, je me souviendrai de toi. Et toi aussi, je crois, tu te souviendras de moi. Mais quand nous ne serons plus là, ni toi ni moi, et qu'auront disparu tous ceux qui nous auront connus, qui se souviendra de nous ?

Personne ? Impossible. Dans le temps, tout s'efface, tout s'oublie, tout disparaît. Mais le passé n'est jamais mort, il n'est même pas passé puisque la lumière le recueille et le transporte. À des distances infinies, c'est un passé infini qui nous est rendu toujours vivant. L'avenir, pour Homère, était sur les genoux des dieux. Le passé est dans la lumière de Dieu. Dans l'éternité, rien de ce qui a été, jusqu'aux larmes d'un enfant, jusqu'au vol d'un éphémère, ne peut jamais ne plus être. Je crois qu'éternel et infini Dieu est, entre autres, comme la mémoire de ce monde qu'il a fait sortir, le temps d'un éclair, de ce que, bien à tort, nous appelons le néant. Quand les hommes auront disparu, Dieu sera seul à pouvoir se souvenir encore d'eux. Et de nous.

Ce que je voulais te dire, mon amour, depuis le début de ces pages qui sont écrites pour toi, c'est qu'un jour plus ou moins proche nous serons ensemble tous les deux, unis à jamais l'un à l'autre, hors de ce temps meurtrier, dans le souvenir et la lumière de Dieu.

Chapitre XXV

Prière à Dieu

C'est à vous maintenant que je m'adresse, Dieu du ciel et de la Terre, origine et soutien des idées et des choses, maître du temps et de l'éternité. J'ai toujours pensé que je vous devais tout et d'abord mon passage dans ce monde dont j'ai cru avec force que vous l'avez créé et qu'il ne durait que par vous.

Il n'est pas exclu, je suis si faible et si bête, que je me sois trompé et que vous n'existiez pas. Parce que mon rêve aura été beau et qu'il m'aura empêché de sombrer dans l'absurde et dans le désespoir, parce que, légende ou réalité, vous m'aurez fait vivre un peu au-dessus de ma bassesse inutile, je n'en bénirai pas moins votre grand et saint nom.

Mais si vous existez, d'une façon ou d'une autre, dans votre éternité… ah ! si vous existez… alors, quand je paraîtrai devant vous et votre gloire cachée, l'esprit encore tout plein de Marie et m'inclinant à vos pieds, je vous dirai seulement :

— Merci.

Et vous, si vous existez, et si vous le voulez bien, dans votre amour sans bornes pour tout ce qui a été, vous vous pencherez vers moi qui ne serai plus qu'un souvenir et vous me direz avec bonté et peut-être un sourire :

— Je te pardonne.

Remerciements

À Malcy Ozannat sans qui ce livre n'aurait pas pu voir le jour.

Table

TOUT PASSE

RIEN NE CHANGE

IL Y A AU-DESSUS DE NOUS
QUELQUE CHOSE DE SACRÉ

POCKET N° 13066

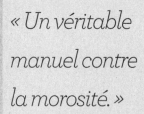

Jean
d'Ormesson

de l'Académie française

Une fête
en larmes

roman

« *Un véritable*
manuel contre
la morosité. »

Gérard Pussey
ELLE

POCKET

Jean d'ORMESSON
UNE FÊTE
EN LARMES

Ce causeur éblouissant qui parle à une jeune
femme d'aujourd'hui a beaucoup reçu en partage :
la naissance, la fortune, la réussite, le talent et le
charme. Il a toujours placé au-dessus de tout la
littérature, qui exige solitude et travail. Et c'est
ainsi qu'il est devenu l'un des écrivains préférés des
Français.
Un voyage enchanteur et mélancolique à travers la
vie du narrateur, qui ressemble parfois à celle de
son auteur...

POCKET N° 14071

de l'Académie française

Qu'ai-je
donc fait ?

roman

POCKET

« *Une coupe de champagne livrée à domicile. Aucun écrivain français n'est capable de mettre autant de bulles dans la vie.* »

Dominique Bona
Version Femina

Jean d'ORMESSON
QU'AI-JE
DONC FAIT ?

« Qu'ai-je donc fait ? J'ai été heureux dans un monde cruel dont j'ai admiré presque tout jusque dans les chagrins. » Jean d'Ormesson nous invite à suivre l'adage latin qui recommande de consacrer nos heures si brèves à des œuvres immortelles : le spectacle du génie des hommes, des poètes, du cœur et du corps des femmes, la recherche d'un dieu caché...

Un nouvel hymne d'amour à un certain art de vivre par un enfant du siècle, profondément épicurien, qui n'a pas fini de nous faire aimer la vie.

Retrouvez toute l'actualité de Pocket sur :
www.pocket.fr

Jean d'Ormesson
de l'Académie française

C'est une
chose étrange
à la fin que
le monde

POCKET

« *Si la culture est
ce qui reste quand
on a tout oublié,
alors il s'agit là
d'un monument à
sa gloire.* »

Franz-Olivier Giesbert
Le Point

Jean d'ORMESSON
C'EST UNE CHOSE
ÉTRANGE À LA FIN
QUE LE MONDE

« Un beau matin de juillet, je me suis demandé d'où nous venions, où nous allions et ce que nous faisions sur cette terre ? Pourquoi y a-t-il quelque chose au lieu de rien ? »

Jean d'Ormesson aime les voyages, les bains de mer, les livres, tous les plaisirs de l'existence. Il s'interroge aussi sur le mystère de nos destinées et esquisse le roman de la vie, de l'Histoire, de l'idée de Dieu. Il nous parle avec simplicité et gaieté et nous propose quelques recettes d'espérance et de bonheur.

Composition et mise en pages
Nord Compo à Villeneuve-d'Ascq

Imprimé en France par CPI
en janvier 2018
N° d'impression : 3027017

POCKET – 12, avenue d'Italie – 75627 Paris Cedex 13

Dépôt légal : septembre 2014
Suite du premier tirage : janvier 2018
S24649/11